Arena Bibliothek des Wissens

Lebendige Biographien

Ludger Schadomsky, geboren 1970 in Ostwestfalen, studierte Afrikanistik und Politikwissenschaft in Köln und Kapstadt. Mitte der 90er-Jahre begleitete er als Journalist in Südafrika die ersten Regierungsjahre Nelson Mandelas. Als Afrika-Journalist hat er seitdem den Großteil der afrikanischen Länder besucht. Heute leitet er die amharische (äthiopische) Sprachredaktion der Deutschen Welle in Bonn. Er hat drei Söhne und lebt mit seiner Familie in Bonn.

Katja Wehner, geboren 1976 in Dessau, studierte Illustration und Buchkunst in Halle, Leipzig und Prag. Seit 2004 ist sie selbstständige Illustratorin und arbeitet mit großer Freude an immer neuen Sach- und Bilderbüchern. Sie wohnt mit ihrer Familie in Leipzig.

Ludger Schadomsky

Nelson Mandela
und die Kraft
der Menschlichkeit

Arena

Wer war Nelson Mandela?

Nelson Mandela stammt aus Südafrika, einem Land am südlichsten Zipfel des riesigen Kontinents Afrika. Nachdem das Land 350 Jahre lang von Weißen beherrscht wurde, kämpfte er für die Rechte der schwarzen Bevölkerungsmehrheit. Der Ziegenhirte, Boxer, Rechtsanwalt und Freiheitskämpfer vom Volk der Xhosa* schloss sich in den 1950er-Jahren dem Protest schwarzer Südafrikaner gegen die sogenannte Apartheid*, die Unterdrückung der Schwarzen durch Weiße, an. Unnachgiebig verfolgte er seine Idee von einem Land, in dem alle Menschen gleichberechtigt und in Frieden leben. Dafür war er sogar bereit, mit Waffen zu kämpfen, und dafür wurde er 27 Jahre lang ins Gefängnis gesperrt. Damit ist Mandela oder Madiba, wie er liebevoll von den Südafrikanern bei seinem Clan*-Namen gerufen wird, heute ein weltweites Symbol nicht nur für den Kampf schwarzer Menschen für Gleichberechtigung. Er steht vor allem stellvertretend für die Kraft der Menschlichkeit gegenüber Gewalt, Hass und Rassismus*.

Alles, was Mandela selbst gesagt hat und was belegt ist, haben wir jeweils kenntlich gemacht. Sind die Zitate nicht gekennzeichnet, hat sie der Autor ihm nur in den Mund gelegt. Aber sicher hat er etwas Ähnliches gesagt!
*Die wichtigsten Bücher, die der Autor gelesen und hier verwendet hat, sind auf Seite 110 aufgeführt. Die mit * gekennzeichneten Wörter findest du im Glossar auf Seite 105 - 107.*

Spielen & Ziegen hüten: eine glückliche Kindheit

Mein Vater hat mir bei der Geburt vor allem eines mit auf den Weg gegeben: meinen Namen. Rolihlahla. In der Xhosa-Sprache bedeutet Rolihlahla wörtlich „der, der den Ast eines Baumes schüttelt". Frei übersetzt bedeutet er aber „der, der Ärger macht".

Es ist einer dieser schier endlos langen Tage auf Robben Island, der Gefängnisinsel, auf der Mandela den Großteil seiner 27-jährigen Gefängnisstrafe abbüßt. Die schwere Arbeit im Steinbruch ist erledigt, nun sitzt er wieder in der Zelle mit der Nummer 5 und lässt, wie so oft an den dumpfen Nachmittagen, sein Leben Revue passieren. Draußen poltern die weißen Gefängniswärter, schikanieren die schwarzen Gefangenen nach Belieben. Nicht zum ersten Mal denkt Mandela, dass er auserkoren wurde, die Unterdrückung der Schwarzen in Südafrika zu bekämpfen. Vielleicht hat uThixo, der allmächtige Gott, an den die Mitglieder seines Xhosa-Volkes glauben, seine Hand im Spiel? Wenn dem so wäre, dann würde sich der

Name, den ihm sein Vater Gadla bei der Geburt am 18. Juli 1918 gab, jetzt bewähren.

Ob er wohl etwas geahnt hat?, denkt Mandela, während er die Wolldecke enger um sich schlingt und sich gegen die Kälte des südafrikanischen Winters wappnet. Schließlich tauft ein Vater seinen Sohn doch nicht mir nichts, dir nichts „Unruhestifter"? Ob ich im Bauch meiner Mutter derart gestrampelt habe, dass er dunkle Vorahnungen hatte?

Vater Gadla ist ein stolzer, hochgewachsener Mann mit sehr dunkler Haut, der einen strengen Erziehungsstil pflegt und die Gerte zur Hand nimmt, um seine 13 Kinder (von vier Ehefrauen) übers Knie zu legen, wenn diese die Äste allzu sehr schütteln. Gadla ist in der Xhosa-Gesellschaft ein angesehener Mann, denn er berät die Könige des Volkes und ist deshalb eng mit dem Herrscherhaus verbunden. Später wird es immer wieder heißen, Mandela selbst sei als Thronfolger ausgewählt gewesen – das stimmt aber nicht. Doch ein König der Herzen ist er ja allemal geworden!

Vor allem ist der Vater jedoch „stur" und „dickköpfig", wie sich Mandela später erinnert. *(Aus: Der lange Weg zur Freiheit)*

Und so ist es zunächst einmal Vater Gadla, der Ärger macht. Weil er sich den Befehlen weißer Verwaltungsbeamter nicht beugen will, verliert er sein Amt und sein Gehalt als Häuptling. Also muss der Junge ab sofort mithelfen: An einem Sommermorgen, die Hitze brennt schon um acht Uhr in der Früh vom Himmel herab, ruft ihn sein Vater zu sich: „Ab heute wirst du wie die anderen Jungen auch die Tiere hüten." Mandela ist gerade fünf Jahre alt, doch statt zu maulen, ist er stolz auf die ihm übertragene Arbeit. Denn das Hüten der Tiere ist eine verantwortungsvolle Aufgabe. Wehe, wenn eine Ziege oder gar ein Rind ausbricht und über eine Klippe stürzt! Tagelang ziehen er und seine Kameraden nun durch die grünen Hügel der Transkei, ausgerüstet nur mit etwas Proviant und einem Hirtenstab. Das Land ist dünn besiedelt, hier und da schmiegt sich eine Handvoll Lehmhäuser mit ihren traditionellen Grasdächern zu einem kleinen Dorf zusammen. Für uns ungewohnt, für den kleinen Nelson aber ein Teil seiner Kindheit: Der Fußboden der Häuser wird aus dem harten Ton der Ameisenhügel hergestellt und regelmäßig mit frischem Kuhdung (!) bestrichen, um Risse zu vermeiden. Es gibt hier keine

Noch heute hüten Kinder in Afrika Ziegen – genau wie der kleine Mandela es tat.

Straßen, sondern nur Trampelpfade durch das hohe Gras. Die Kinder gehen barfuß, Schuhe sind Luxusartikel, und tragen in Ockerfarbe gefärbte Decken. Ein kleiner Kiosk für die lebenswichtigen Dinge – ein Block Seife zum Waschen, Zucker und Maismehl für den gehaltvollen Frühstücksbrei (Müsli gab es damals noch nicht!), eine Wasserstelle für die Tiere und mit Glück eine Grundschule runden das Dorfleben ab.

Der Tagesablauf ist geprägt von dem Klima und dem Lauf der Sonne: Mit dem ersten Hahnenschrei am Morgen, wenn es noch erfrischend kühl ist, ist die ganze Familie auf den Beinen. Dann erhebt sich auch Nelson von seiner Schlafmatte (eine Matratze haben nur die weißen Missionare*, die in der Gegend leben). Sie ist eine von drei Hütten in einem sogenannten Kral*, in den anderen wird gekocht und Getreide gelagert.

Die Mutter entfacht zunächst das Kochfeuer, das den ganzen Tag über auf kleiner Flamme köcheln wird – Feuerholz ist nämlich kostbar und einen Herd gibt es nicht. Anschließend holt sie Wasser aus einem der vielen Bäche – fließendes Wasser aus dem Hahn gibt es nicht und so muss sie oft viele Kilometer weit laufen, um das kostbare Nass in Kanistern auf dem Kopf nach Hause zu balancieren.

Am Abend ist die Familie genauso früh im Bett, wie sie aufgestanden ist. Denn schon um 18 Uhr ist die Sonne verschwunden, es wird dunkel (es gibt nur Kerzen oder Gaslampen, keinen Strom) – und im Winter bitterkalt.

9

Auch wenn die Lebensumstände ärmlich erscheinen: Der kleine Nelson verlebt in den Hügeln und Tälern der Transkei die „glücklichsten Jahre" seiner Kindheit. *(Aus: Der lange Weg zur Freiheit)* Als Berater des Königs hat Vater Gadla für seinen Sohn natürlich größere Pläne als Viehhirte. „Nur wer eine gute Schulbildung hat, kommt in der Gesellschaft vorwärts", predigt er immer wieder. Mit sieben Jahren lässt er den kleinen Rolihlahla taufen und schickt ihn auf die Dorfschule. „Wir haben hier europäische, keine afrikanischen Vornamen", sagt seine Lehrerin am ersten Tag streng. „Du wirst ab sofort Nelson heißen – nach dem berühmten englischen Seefahrer Lord Nelson." Aus dem afrikanischen „Unruhestifter" ist so über Nacht ein europäischer Seeheld geworden!

Dann der Schicksalsschlag: Nelson ist gerade einmal neun Jahre alt, als sein Vater stirbt. Er ist zu arm, um Geld für die weitere Ausbildung zu hinterlassen, und so bringt ihn seine Mutter zu Häuptling Jongintaba, wo Mandela gemeinsam mit dessen Sohn Justice aufwächst. Beide werden enge Freunde. Der Ziehvater erzieht den jungen Nelson liebevoll, aber mit großer Strenge.

So vergehen die Jahre. Dann endlich naht der große Tag: die Beschneidung, mit der Nelson zu einem vollwertigen Mann wird! Die Entfernung der männlichen Vorhaut ist bei den Xhosa ein wichtiges Ereignis. Denn nur wer beschnitten ist, darf heiraten oder an den Versammlungen der Stammesräte teilnehmen. Gemeinsam mit einer Gruppe Gleichaltriger wird

Nelson in einer abgelegenen Rundhütte tagelang auf die Zeremonie vorbereitet. „Ob es sehr wehtun wird?", fragen sich die Jungen abends am Feuer bange. Am großen Tag setzen sich die Kandidaten, nur mit der traditionellen Wolldecke der Xhosa bekleidet, in eine Reihe. Der Beschneider oder „Ingcibi" kniet sich der Reihe nach vor sie hin und trennt die Vorhaut mit einem einzigen Schnitt seines Messers ab. „Aua", möchte Nelson rufen, doch die angehenden Männer müssen das Ritual ohne Betäubung oder Schmerzensschreie ertragen. Es ist ein „Schmerz wie Feuer", der durch Mandelas Körper zieht, als er selbst an der Reihe ist. Endlich erinnert er sich an die magischen Worte, die er nun den Sitten gemäß rufen muss: „Ndiyndoda" – „Ich bin ein Mann". Noch einige Tage bleiben sie in der Beschneidungshütte, bis die Wunde verheilt ist. Dann werden sie als vollwertige Mitglieder der Xhosa-Gemeinschaft, als *abakwetha,* in die Welt entlassen, wo sie fortan heiraten, eine Familie gründen und mit den Ältesten diskutieren dürfen.

Jungs werden bei den Xhosa durch besondere Rituale in den Kreis der Erwachsenen aufgenommen.

Als Junge privilegiert: Aufwachsen in Südafrika

Nicht jedes afrikanische Kind hat eine derart glückliche Kindheit wie der kleine Nelson Mandela. Nirgendwo sonst auf dem großen Kontinent Afrika wachsen Kinder so ungleich auf wie im Süden. Da gibt es den gut gekleideten Jungen in Sandton, einem Nobelviertel von Südafrikas größter Stadt Johannesburg. Er wird vom Chauffeur der Familie zu einer Privatschule gefahren und darf nachmittags im eigenen Swimmingpool baden. Und gleich nebenan, in der Armensiedlung Alexandra, leben Kinder in selbst gezimmerten Holzverschlägen und tragen Lumpen. Andere leben auf der Straße und betteln Touristen um Almosen an.

Auch im vergleichsweise reichen Südafrika müssen Kinder mithelfen, das Überleben der Familie zu sichern. Auf dem Land packen die Kleinen auf dem elterlichen Feld mit an, tragen Feuerholz oder schleppen Wasserkanister von der nächsten Quelle heran. Noch immer gibt es nicht überall fließendes Wasser aus dem Wasserhahn. Manchmal trägt ein Mädchen im Alter von 13 bereits die Hauptverantwortung für einen großen Haushalt. Dann arbeitet sie von Sonnenaufgang bis zum Abend, versorgt die jüngeren Geschwister, macht Einkäufe, putzt und kocht.

In den Städten verkaufen Kinder Bananen, Zeitungen oder Sonnenbrillen. Oft sind es nur ein paar Cents, die sie am Abend nach Hause bringen, doch auch sie helfen.

Dabei kommt der Schulbesuch natürlich zu kurz. Die südafrikanische Regierung bemüht sich, so vielen Kindern wie möglich einen Schulbesuch zu ermöglichen. Doch oft genug teilen sich 40 oder mehr Kinder einen Klassenraum. Schulbücher und -hefte sind teuer und selbst die Schuluniform, die in Südafrika Pflicht ist, ist oft schon hundertmal geflickt. Weil die Lehrer oft schlecht bezahlt sind, haben sie manchmal noch einen Nebenjob, sodass viele Unterrichtsstunden ausfallen.

Jungs haben es jedoch oft noch besser als Mädchen. Wenn die Eltern das Schulgeld nicht für alle Kinder aufbringen können, sind es die Mädchen, die zu Hause bleiben müssen. Außerdem bleibt für die Jungs neben der Arbeit noch Zeit zum Spielen: Alle afrikanischen Jungs sind fußballverrückt; haben sie keinen Lederball, kicken sie mit einem selbst gebastelten Stoffball auf dem Bolzplatz des Dorfes oder in den Hinterhöfen der Städte. Und wer ein Trikot des Superstars Samuel Eto'o ergattert – und sei es aus einem Sack mit Kleiderspenden aus Europa –, ist ein Held!

Brennholz zu suchen, gehört genauso wie Ziegen hüten oder Wasser holen zu den täglichen Aufgaben der Kinder.

Studium, Freundschaften und frühe Politisierung

„Juhu, ich bin angenommen." Am Morgen hat der Briefträger den Umschlag mit dem Absender „Südafrikanisches College für Eingeborene Fort Hare" gebracht. Hat sich das harte Pauken gelohnt, mit dem sich Nelson und sein Freund Justice auf die Aufnahmeprüfung an Südafrikas Eliteschule vorbereitet haben? „Da studieren die besten 150 Studenten aus ganz Afrika", hat Nelson am Abend zuvor noch auf Justice eingeredet, die Wangen rot vor Aufregung. „Und außerdem ist es die einzige Schwarzen-Universität in Südafrika. Die MÜSSEN uns einfach nehmen."
Und wirklich, es klappt: Nelson wird angenommen!
Stolz trägt er an seinem ersten Tag an der Uni den Anzug, den ihm Ziehvater Jongintaba geschenkt hat. Hätte Jongintaba gewusst, was der junge Nelson im Schilde führte, so hätte er vermutlich auf das Geschenk verzichtet. Denn Mandela spürt wenig Lust, die ihm zugedachte traditionelle Rolle am Thembu-Hof zu spielen. Er will lieber eine Beamtenlaufbahn im „Eingeborenen-Ministerium" einschlagen. Wie der Name schon sagt, kümmern sich hier Beamte um alles, was die afrikanische Bevölkerung Südafrikas angeht. Für einen Schwarzen ist dies die beste Karriere, die er zu jener Zeit machen kann.

In Fort Hare gewöhnt sich der Landjunge Nelson nicht nur an Toiletten und Warmwasser-Duschen und putzt seine Zähne statt mit Asche und Zahnstochern mit Zahnpasta und einer Zahnbürste. Er schließt vor allem Freundschaften, die ihn über Jahrzehnte begleiten und stützen werden. „Wie wäre mein Leben wohl verlaufen, hätte ich an der Universität nicht Oliver Tambo kennengelernt", grübelt Mandela später über den lebenslangen Freund und politischen Weggefährten. *(Aus: Bekenntnisse)*

In Fort Hare betätigt sich Mandela zum ersten Mal politisch, er wird Mitglied des Studentenrates. Jetzt beginnt der Ärger – und Mandela macht zum ersten Mal seinem Namen alle Ehre. „Sagt mal, findet ihr das Essen auch so furchtbar?", fragt er seine Kommilitonen immer wieder. „Das schmeckt ja wie Tierfutter!" Die Universitätsleitung, bei der sich der aufgebrachte Nelson beschwert, findet den Vergleich nicht witzig. „Entweder Sie ziehen Ihren Protest formal zurück oder Sie werden von der Universität verwiesen", steht in dem Schreiben, das Mandela wenige Tage später bekommt.

„Du bleibst auf der Uni", droht Ziehvater Jongintaba, der viel Geld in seine Erziehung gesteckt hat. Doch Nelson bleibt hartnäckig. Bevor es aber zu einer Entscheidung kommt, überschlagen sich die Ereignisse: Nach guter alter Sitte der Xhosa hat Jongintaba für seinen Sohn Justice und für Nelson in der Zwischenzeit eine Heirat arrangiert. Und sogar schon den

Brautpreis, den sogenannten Lobola, entrichtet, Ochsen und Bargeld für die Brautfamilie.

Doch Nelson und Justice haben alles andere im Sinn, als zu heiraten. „Auf gar keinen Fall. Ich kenne die Frau doch nicht einmal!" – „Vielleicht schielt sie und hat eine Warze auf der Nase", kichert Justice. Noch in derselben Nacht beschließen die beiden abzuhauen. „Wir gehen nach Johannesburg. Dort gibt es viele Minen und wir können einen Aushilfsjob annehmen." Noch heute lacht Mandela über die gewagte Flucht vor der Zwangsverheiratung*.

Wie anders wäre sein Leben daheim in Thembu-Land verlaufen! „Wenn ich zu Hause geblieben wäre, wäre ich heute ein angesehener Stammesführer. Ich hätte einen runden Bauch und jede Menge Rinder und Schafe." *(Aus: Bekenntnisse)*

So aber wird aus dem Schafhirten Rolihlahla der berühmteste Freiheitskämpfer der modernen Geschichte. Das dürfte noch nicht einmal Vater Gadla geahnt haben, als er seinen Nachkommen den „Unruhestifter" taufte.

Oliver Tambo

Oliver Reginald Tambo wurde 1917 geboren und gehörte wie Nelson Mandela dem Volk der Xhosa an. Wie dieser wurde er als Anführer eines Studentenstreiks von der Universität geworfen, beendete aber später seine Ausbildung und eröffnete 1952 gemeinsam mit Mandela das erste farbige Anwaltsbüro Südafrikas in Johannesburg: „Mandela und Tambo" stand stolz auf dem Messingschild. Schon in Fort Hare beeindruckte Tambo seinen Studienkameraden mit seiner „Intelligenz" und „geschliffenen Diskutierkunst", wie er sich später erinnert. Das ruhige und ausgeglichene Wesen Tambos war eine gute Ergänzung zu seiner eigenen manchmal aufbrausenden Art.

Als Mandela 1990 nach seiner Freilassung aus dem Gefängnis Tambo nach 30 Jahren zum ersten Mal wiedersah, „führten wir uns auf wie kleine Jungs draußen in der Natur". *(Aus: Der lange Weg zur Freiheit)*

Nur ein Jahr vor den ersten freien Wahlen in Südafrika 1994 erlag Tambo einem Schlaganfall.

Höfische Tradition: die Xhosa in Südafrika

New king named for Xhosa royal house

29. Januar 2006, 3:02 Uhr: Prinz Zwelonke Sigcawu ist der neue König der Xhosa, gab das Königshaus heute bekannt. „Der neue König nimmt das höchste Amt im Xhosa-Königreich ein. Das Datum seiner Thronbesteigung wird nach der Trauerzeit für seinen verstorbenen Vater, König Xolilizwe Sigcawu bekannt gegeben", so das Königshaus. „Wir erwarten mit Freude, dass Seine Majestät das Vermächtnis seines Vaters fortführt."

Es gibt sie wirklich noch, die afrikanischen Könige, von denen die Märchenbücher erzählen. Ein solcher König ist Zwelonke Sigcawu, der 2006 seinem verstorbenen Vater König Xolilizwe Sigcawu nachfolgte. Als König des Volkes der Xhosa befehligt er heute acht Millionen Untertanen. Natürlich kann ein König im 21. Jahrhundert nicht mehr absolut regieren, sondern muss sich den Gesetzen des südafrikanischen Staates unterwerfen. Doch wie sagt Mandela: „Wir dürfen nie vergessen, dass die Institution des traditionellen Stammesführers durch afrikanisches Recht und afrikanischen Brauch sanktioniert ist. Es darf nicht der Versuch unternommen werden, sie abzuschaffen." *(Aus: Bekenntnisse)*

Auch Mandela, der als „moderner" Rechtsanwalt Zeit seines Lebens versuchen wird, afrikanische und „weiße" Kultur zu vereinen, gehört einer königlichen Familie an, den Thembus. Sie sind eine der vielen Gruppen, die gemeinsam das Volk der Xhosa bilden. Der Name leitet sich angeblich von einem der früheren Häuptlinge ab. Die Xhosa (das „X" wird am Gaumen geschnalzt wie bei der Pferdedressur) besiedeln seit etwa 200 Jahren das südliche Afrika. Der Glaube an eine übernatürliche Macht, genannt uThixo oder uQamata, ist ein wichtiger Bestandteil der Xhosa-Kultur. Der uThixo sieht den Lauf der Dinge vorher und kommuniziert mit den Lebenden über verstorbene Verwandte. Entsprechend groß ist der Respekt, den die Xhosa ihren Toten entgegenbringen. Traumdeutung und der Glaube an Wunderheiler und traditionelle Medizin sind weitere Bestandteile der Xhosa-Kultur. Wie bei den meisten Völkern Afrikas ist die Kultur der Xhosa eine *orale*, also eine mündliche: Statt Märchen und Heldensagen aufzuschreiben, wurden diese am Lagerfeuer und in der dörflichen Hütte erzählt und so von einer Generation an die nächste weitergegeben. Eine zentrale Figur ist dabei der *imbongi* oder traditionelle Geschichtenerzähler: Er besingt den nach Xhosa-Lesart ersten Menschen auf der Erde, den legendären uXhosa, und lässt in Gedichten die kriegerischen Heldentaten der früheren Xhosa-Könige aufleben. Als Nelson Mandela 1994 als erster schwarzer Präsident Südafrikas vereidigt wird, begleitet ihn ein solcher Imbongi und bringt Xhosa-Preislieder auf den zukünftigen Präsidenten dar.

Die Xhosa sind Viehzüchter – und haben eine fast mythische Beziehung zu ihren Tieren. Diese sind viel mehr als Fleischlieferanten und Lasttiere. Sie stellen den gesamten Reichtum des Volkes dar. Was für den Deutschen sein Haus, sein Auto und sein Bausparvertrag, das ist für den Xhosa seine Rinderherde! Geht es den Tieren gut, dann geht es auch dem Hirten gut und er schickt einen Dank oder eine kleine Opfergabe an die Götter, die über seine Tiere wachen. Natürlich können sich Xhosa, die in den Großstädten Johannesburg oder Kapstadt leben, im engen Hinterhof keine Viehherde halten. Doch immer wieder stößt man selbst in den dicht besiedelten Schwarzensiedlungen auf die braunen oder schwarz-weiß gescheckten Tiere.

Die amaXhosa bilden in der sogenannten Regenbogennation Südafrika nach den Zulus die größte Volksgruppe. Mit „Regenbogen" bezeichnet man die vielen Volksgruppen in dem 80-Millionen-Einwohner-Land. Das Wort „Stamm" wird inzwischen übrigens nicht mehr verwendet, weil es veraltet ist und primitiv klingt. Und bunt wie ein Regenbogen ist die Bevölkerung von Südafrika wirklich. Die afrikanische Urbevölkerung zusammen mit den Nachkommen niederländischer, französischer, englischer, indischer und nicht zuletzt deutscher Einwanderer ergeben einen wirklich faszinierenden Mix!
Dabei ist das isiXhosa, also die Sprache der Xhosa, nur eine von sage und schreibe elf offiziell anerkannten Sprachen Südafrikas. Daneben gibt es noch Englisch, Afri-

kaans, Siswati, isiNdebele, Sesotho, Nördliches Sotho, Xitsonga, Setswana, Tshivenda und isiZulu. Weltweit hat nur Indien mehr Amtssprachen – und Deutschland gerade mal eine.

Die Xhosa stellen im heutigen Südafrika die einflussreichste Volksgruppe. Denn die meisten von ihnen sind Anhänger der mächtigsten Partei des Landes, des *African National Congress* (ANC*). Aber nicht nur in der Politik, auch in der Wirtschaft, im Sport und in der Unterhaltungsbranche sind viele einflussreiche Xhosa vertreten.

Flucht in die Großstadt: die Johannesburg-Jahre

„Noch ein Bier. Und für meinen Freund hier auch noch eines." Wie immer am Freitagabend haben sich Nelson und Justice in der Shebeen* „Number One Alexandra" von Mama Wendy getroffen. Mama Wendy besteht darauf, dass ihre Kneipe die beste im ganzen Township* ist, deshalb der Name. Egal, das Bier ist kalt und billig und die beiden jungen Männer können sich über die Erlebnisse der Woche austauschen. „Ich muss endlich eine neue Bleibe finden", grummelt Nelson schon zum zweiten Mal. Natürlich ist er froh, nach der Flucht vor der Zwangsverheiratung in der kleinen Blechhütte ohne Heizung und Strom überhaupt einen Unterschlupf gefunden zu haben. Doch lange kann er nicht mehr mit einer Familie und deren sechs Kindern auf 15 Quadratmetern leben. Es ist viel zu eng! Und überhaupt, Alexandra. „Überfüllt, schmutzig, voller unterernährter Kinder, die halb nackt und in Lumpen gekleidet umherlaufen. Und nachts herrschen Pistole und Messer", klagt er über das Ghetto, in dem etwa 50 000 Schwarze dicht gedrängt in Bretterverschlägen leben. *(Aus: Bekenntnisse)*
Welch ein Kontrast: Bislang ist Mandela als Mitglied eines königlichen Haushaltes privilegiert aufgewachsen. Zwar musste auch er Ziegen hüten, doch ansonsten mangelte es ihm an nichts. Nun lebt er in der Großstadt und sieht das Elend der

schwarzen Menschen in den Armutsvierteln. Vor allem das unmittelbare Erleben der so unterschiedlichen Lebensverhältnisse zwischen weißen und schwarzen Südafrikanern lassen in ihm den Widerstandskämpfer wachsen, der er eines nicht fernen Tages werden soll.

Tagsüber arbeitet der 23-Jährige inzwischen als Bote in einer weißen Anwaltskanzlei. Den Job hat ihm der schwarze Immobilienhändler Walter Sisulu verschafft, der später noch eine große Rolle in seinem Leben spielen wird. Abends kehrt er heim in den Slum und ackert sich durch dicke Jurabücher: Nach dem Rauswurf in Fort Hare und der Flucht nach Johannesburg studiert Mandela nun dort an der Universität – per Korrespondenz.

In den Slums werden Hütten aus dem gebaut, was da ist – Pappe, Wellblech, Holzbretter. Wasser, Strom oder gar Toiletten gibt es oft nicht.

Walter Sisulu

Unweit von Mandelas Heimatdorf als Kind einer schwarzen Mutter und eines weißen Vaters geboren, arbeitete er zunächst in der Minenstadt Johannesburg in einem Goldbergwerk und hielt sich mit anderen Jobs über Wasser. Es  sind die schlechten Arbeitsbedingungen für Schwarze in den Bergwerken, die Sisulu politisch aktiv werden lassen, noch bevor er als Immobilienmakler Karriere macht. Bei seiner ersten Begegnung in Johannesburg ist Mandela beeindruckt von der Weltgewandtheit Sisulus und vor allen von dessen fließendem Englisch. Obwohl sein Wartezimmer voll mit schwarzen Klienten ist, die, solange es Afrikanern noch erlaubt ist, kleine Grundstücke kaufen möchten, nimmt sich Sisulu Zeit für den jungen Mandela. Auf seine Vermittlung hin bekommt der eine Stelle bei einem weißen Anwalt. Gemeinsam mit Mandela, als dessen „politischer Vater" er galt, wurde Walter Sisulu 1964 zu lebenslanger Gefängnisstrafe verurteilt und erst 1989 entlassen.

Nach seinem Tod 2003 wurde er als erster nicht weißer Südafrikaner mit einem besonderen Staatsbegräbnis geehrt.

Durch Walter Sisulu kommt Mandela zunehmend mit der Politik in Berührung. Zunächst ist er aber nur ein leiser Zuhörer, wenn sich die Wortführer des Afrikanischen Nationalkongresses (ANC) zu abendlichen Diskussionsrunden treffen.

„Damals wusste ich weit genauer, wogegen ich war als wofür", erinnert sich Mandela später. Und Mandela liest, was immer ihm in die Quere kommt, vor allem die Werke der großen Kommunisten*, Karl Marx, Friedrich Engels, Lenin und Fidel Castro. *(Aus: Bekenntnisse)*

„Ich kann nicht genau angeben, wann ich politisiert wurde, wann ich wusste, dass ich mein Leben völlig dem Freiheitskampf verschreiben würde. [...] Ich hatte keine Erleuchtung, keine einzigartige Offenbarung, keinen Augenblick der Wahrheit; es war eine ständige Anhäufung von 1000 verschiedenen Dingen, 1000 Kränkungen, 1000 unerinnerten Momenten, die Wut in mir erzeugten, rebellische Haltung, das Verlangen, das System zu bekämpfen, das mein Volk einkerkerte. Da war kein bestimmter Tag, an dem ich mir sagte, von nun an will ich mich der Befreiung meines Volkes widmen, sondern stattdessen tat ich es einfach, weil ich nicht anders konnte." *(Aus: Bekenntnisse)*

Im Haus der Sisulus lernt Mandela Evelyn Mase kennen: Sie wird seine erste Frau und im Frühjahr 1946 Mutter seines ersten Kindes.

Dann kommt 1948 die Nationale Partei (NP) an die Macht. Fortan wird die Rassentrennung per Gesetz festgeschrieben. Der Alltag schwarzer Südafrikaner wird zur Hölle. Der ANC ruft dazu auf, die diskriminierenden Gesetze zu missachten. Die Zeit der Streiks und Demonstrationen bricht an und immer mittendrin: Nelson Mandela.

Südafrika wird zu einem Pulverfass, an ein geregeltes Studienleben ist jetzt nicht mehr zu denken. Mandela fällt durch einige Prüfungen. „Wie kann ich studieren, wenn unsere Leute tagtäglich von den Weißen schikaniert werden, nur weil sie schwarz sind", ereifert sich Mandela gegenüber seinem Freund Justice. Schließlich wirft er das Jurastudium hin und gründet 1952 mit seinem Partner Oliver Tambo das erste farbige Rechtsanwaltsbüro in Johannesburg: Mandela & Tambo. Auch dies ist ein Akt zivilen Ungehorsams: Schwarze benötigen eine Genehmigung der weißen Behörden – Mandelas Antrag aber wurde abgelehnt. Überhaupt gerät der junge Rechtsanwalt jetzt immer öfter mit dem Gesetz aneinander. 1952 wird er zu neun Monaten Haft mit Zwangsarbeit bestraft, die Strafe wird allerdings auf Bewährung ausgesetzt, sodass er nicht ins Gefängnis muss. Doch er bekommt einen sogenannten „Bann" aufgebrummt: Er darf sich ab sofort nicht mehr politisch betätigen und sich nur mit strengen Auflagen aus der Stadt herausbewegen. Die Anwaltsvereinigung beantragt, Mandela die Zulassung als Rechtsanwalt zu entziehen. Der Oberste Gerichtshof weist den Antrag jedoch überraschend ab.

Sobald Mandela nach seinem Reisebann wieder reisen darf, besucht er 1955 seine Mutter in Qunu. „Ich fragte mich – nicht zum ersten Mal –, ob es gerechtfertigt sei, das Wohlergehen der eigenen Familie zu vernachlässigen, um für das Wohlergehen anderer zu kämpfen. Kann es Wichtigeres geben, als sich um seine alte Mutter zu kümmern?", hadert der werdende Freiheitskämpfer immer öfter mit sich. *(Aus: Bekenntnisse)*

Belegt mit einem Reisebann durfte Mandela lange Zeit nicht in seine alte Heimat, die Transkei, reisen und seine alte Mutter besuchen.

Zwar hat sich der ehemalige Hirtenjunge inzwischen zu einem weltläufigen Mann entwickelt, der nicht länger schüchtern den Debatten anderer lauscht, sondern vorneweg mitdiskutiert. Doch immer wieder ereilt ihn auch die Sehnsucht nach einem ruhigeren Leben und den grünen Hügeln der Transkei: „Ich erstickte schier in der Enge und sehnte mich dringend nach frischer Luft, [...] war begierig darauf, endlich wieder die Weite des offenen Feldes und die blauen Berge, das grüne Gras und das Gebüsch zu sehen." *(Aus: Bekenntnisse)*

Die Begegnung mit seiner Mutter in der Abgeschiedenheit der Transkei ist vorerst die letzte größere Reise: Bereits im März 1956 wird Mandela erneut die Teilnahme an politischen Versammlungen verboten und er darf Johannesburg für fünf Jahre nicht verlassen. Nur neun Monate später wird er vor den Augen seiner Frau Evelyn und seiner Kinder verhaftet und zusammen mit 150 weiteren Mitstreitern wegen gewaltsamer Verschwörung zum Sturz der weißen Regierung angeklagt. Damit hätte Mandela die Todesstrafe erhalten können. Ungeduldig warten er und seine ANC-Genossen auf den Prozessbeginn. Doch dann geschieht etwas völlig Unerwartetes, das Mandela die Schikane der Regierung etwas besser ertragen lässt: Er verliebt sich.

Kurz nachdem er und seine Frau Evelyn sich auseinandergelebt haben, lernt er die flotte Nomzamo Winnifred („Winnie") Madikizela kennen, die als erste schwarze Sozialarbeiterin in einem großen Krankenhaus in Johannesburg arbeitet. Es ist die sprichwörtliche Liebe auf den ersten Blick, die beiden heirateten im Juni 1958.

Der Hochverratsprozess jedoch schleppt sich weiter dahin: An jedem Verhandlungstag benötigen Mandela und die übrigen Angeklagten fünf Stunden, um mit einem Bus („Nur für Schwarze") zum Gericht hin- und zurückzufahren. Und als wenn dies nicht ausreichte, um den Freiheitskämpfer mürbe zu machen, wird er im März 1960 erneut festgenommen. Erst 1961, fünf Jahre nach der ersten Verhaftung, werden Mandela und die übrigen Angeklagten freigesprochen.

Das Leben im Township

Das Wort „Township" stammt aus den Zeiten der Apartheid und bezeichnet minderwertige Wohngebiete für nicht weiße Menschen. Seinerzeit wurden schwarze, farbige und indischstämmige Menschen außerhalb der von Weißen bewohnten Städte angesiedelt. Viele wurden dazu aus ihren Häusern vertrieben. Allzu weit entfernt durften sie freilich auch nicht wohnen: Schließlich sollten die schwarzen Hausangestellten, die indischen Kindermädchen und die farbigen Gärtner, die Südafrikas Weißen das Leben versüßten, morgens zeitig mit dem Minibus anreisen können, bevor sie abends in ihre Hütten zurückgeschickt wurden.

Das Leben in den Townships war von quälender Enge, miserablen hygienischen Verhältnissen, Kriminalität und häuslicher Gewalt geprägt. Arbeitslose Männer ließen am Samstag, besoffen von selbstgebranntem Billigschnaps, ihren Frust an Frauen und Kindern aus. Die Hütten oder sogenannten „Shacks" wurden behelfsmäßig mit Brettern, Wellblech und Plastikplanen zur Isolierung zusammengehauen. Nicht selten lebten zehn oder mehr Familienmitglieder in einem oder zwei kleinen Zimmern, nur mit einem Vorhang abgetrennt. Als Schlafstätte dienten Matratzen auf dem Boden. Strom und fließendes Wasser waren nur selten vorhanden. Im Sommer wurden die Bewohner bei 40 Grad in den Wellblechverschlägen sprichwörtlich „gebraten". Im Winter dagegen war es in den zugigen Verschlägen eisig kalt, eine Lungenentzündung bekam man leicht. Einige Glückliche konnten sich ein kleines Ziegelhaus leisten, an das sie flugs mehrere Verschläge anbauten und untervermieteten. Nicht selten war ein Raum einer illegalen Shebeen vorbehalten, wo abends (und nicht selten auch schon morgens) dickbäuchige Castle-Bierflaschen oder billiger Fusel kreisten.

Ein typisches Beispiel für ein Township ist Alexandra (oder kurz: „Alex"), eine der ältesten und wohl bekanntesten Schwarzensiedlungen Südafrikas. Gegründet 1912, war es mit einer Größe von 800 Hektar (= etwa 1000 Fußballfelder) ursprünglich für 70 000 Bewohner ausgelegt. Heute wohnen dort zwischen 200 000 und 800 000 Menschen – niemand kennt genaue Zahlen. Es ist ein kaum zu entwirrendes Knäuel von Sträßchen und Gässchen, von

Shacks und Shebeens, Garküchen, sogenannten Spas (Lebensmittelkiosks), Autofriedhöfen und – zunehmend – Internetcafés.

Seit ab 1990 die Gesetze der Apartheid gelockert und die Grenzen Südafrikas geöffnet wurden, erlebt Alex einen nicht enden wollenden Zustrom von Landbewohnern, die auf der Suche nach Arbeit in die Städte ziehen. Auch aus den armen Nachbarländern kommen Zehntausende. Alex zieht sie alle an, denn in unmittelbarer Nähe liegt das (überwiegend weiße) Reichenviertel Sandton – und dort gibt es einen großen Bedarf an billigen schwarzen Arbeitskräften. Die Enge und die nach wie vor hohe Arbeitslosigkeit sorgen für Auseinandersetzungen zwischen Angestammten und Zugezogenen. Die Regierung kommt mit dem Bau neuer, besserer Ziegelhäuser nicht nach, immer wieder verschwand auch Geld in den Taschen von Politikern, sodass heute nach wie vor Millionen Südafrikaner in Elendsquartieren ohne fließendes Wasser und Strom wohnen.

Jugendgewalt und Gangs bleiben ebenfalls ein großes Problem in den Townships. Eine Pistole ist in Südafrika leicht zu besorgen – geschätzte 14 Millionen Waffen sind im Umlauf – und so drehen schon 12- und 13-Jährige die ersten krummen Dinger. Drogenmissbrauch ist weitverbreitet.

Doch einige haben es geschafft, dem Kreislauf aus Armut und Gewalt zu entkommen: In dem größten Township

Soweto (von „*South Western Township*") außerhalb Johannesburgs leben heute einige der reichsten schwarzen Südafrikaner. Sogar einen Golfplatz und Autohäuser deutscher Luxusmarken gibt es inzwischen. „Warum sollen wir in den Nobelvororten hinter Stacheldraht leben und uns mit den Weißen langweilen", fragen die zu Ruhm und Geld gekommenen Neureichen. Sie würden die Bierhallen, die afrikanischen Restaurants und die Nachtklubs doch sehr vermissen.

Inzwischen kommen sogar Touristen nach Soweto und übernachten bei Bewohnern. Ein Besuch in einer Shebeen ist im Preis inbegriffen. Nach einem üppigen südafrikanischen Frühstück mit Toast, Bohnen, Speck und Eiern zeigen die Gastgeber dann stolz das Wohnhaus des berühmtesten Sohnes Sowetos: Nelson Mandela. Dessen Vier-Zimmer-Haus in der Vilakazi Street 8115 im Stadtteil Orlando West, das er in glücklicheren Zeiten mit seiner zweiten Frau Winnie geteilt hatte, ist heute ein Museum.

Rechtsanwalt? Freiheitskämpfer!: Mandelas Radikalisierung

„Walter, Oliver, ihr wisst, ich war immer gegen Gewalt. Ihr wisst auch, dass mein größtes Vorbild Mahatma Ghandi* ist. Aber wenn die Umstände dagegensprechen, müssen wir uns von der Gewaltlosigkeit abwenden und die Methoden anwenden, die uns von den Umständen diktiert werden. Sagt mal, hört ihr mir überhaupt zu?"
Wie an vielen Abenden stecken auch an diesem Nelson, Walter Sisulu und Oliver Tambo die Köpfe zusammen. Ein heftiger Regenschauer geht über Johannesburg nieder und bringt etwas Abkühlung von dem heißen Wetter der vergangenen Tage. Und wie immer in den letzten Tagen und Wochen geht es um die eine Frage: Ob der Kampf der Schwarzen gegen die Unterdrückung des Apartheidregimes nach wie vor mit friedlichen Mitteln, mit Blockaden und Demonstrationen, geführt werden soll. Oder ob nicht langsam die Zeit gekommen ist, zu den Waffen zu greifen und den Feind niederzukämpfen.
Es ist 1951, Mandela ist inzwischen zum Präsidenten der ANC-Jugendliga aufgestiegen. Die hatte er einige Jahre zuvor mit Sisulu und Tambo gegründet, weil ihm die alten ANC-Anführer zu brav waren. Sie lassen sich alles gefallen von den Weißen. Wir müssen mehr Zähne zeigen, dachte Mandela.
Im ganzen Land herrscht Aufruhr: Massenproteste und erste

größere Kampagnen zivilen Ungehorsams legen das öffentliche Leben lahm. Als Organisator ganz vorne dabei: Nelson Mandela.

Zu dieser Zeit reist sein enger Vertrauter und Freund Walter Sisulu nach China. Überall auf der Welt sammeln die ANC-Anführer Spenden und werben um Unterstützung für den Kampf gegen die Apartheid. „Sag den Chinesen, dass wir beabsichtigen, den bewaffneten Kampf aufzunehmen, und dass wir dafür Waffen brauchen", gibt Mandela dem Genossen mit auf den Weg.

Doch dauerte es noch einmal sieben Jahre, bevor er und seine Mitstreiter den Untergrundkampf aufnehmen. Denn vorläufig wird der Heißsporn Mandela von den ANC-Chefs gebremst. Sie wollen es weiter mit Protesten und Verhandlungen versuchen, fürchten die Opfer, die ein bewaffneter Kampf für die schwarze Bevölkerung bedeuten würde.

Es braucht erst die Ereignisse des 21. März 1960. An jenem Tag marschieren einige Tausend schwarze Demonstranten durch das Township Sharpeville, um gegen die rassistischen Passgesetze zu protestieren. Danach kann ein Nichtweißer jederzeit verhaftet werden, wenn er sich nicht ausweisen kann. Doch viele Schwarze besitzen noch nicht einmal Ausweispapiere! Vor dem örtlichen Polizeirevier kommt es zu Auseinandersetzungen, die Sicherheitskräfte erschießen 69 Demonstranten, darunter Frauen und Kinder, mit Maschinenpistolen. Das sogenannte Sharpeville-Massaker führt zu landesweiten Streiks, Unruhen und internationalen Protesten. Der Tag ist ein wichtiger Wendepunkt in der Geschichte Südafrikas.

Die Regierung ruft den Ausnahmezustand aus, der ANC wird verboten. Für den jungen Mandela bedeutet die harte Hand des weißen Unrechtsstaates vor allem eines: Er glaubt nicht mehr daran, dass sein Ziel – ein Land, in dem Schwarze und Weiße friedlich und gleichberechtigt miteinander leben können – ohne Gewalt zu erreichen ist. Fortan wird er die weiße Minderheitsregierung mit Waffen bekämpfen.

Das Massaker von Sharpeville war nicht nur für den jungen Rechtsanwalt Mandela ein aufrüttelndes Erlebnis.

Das aber kann, das weiß der Rechtsanwalt Mandela genau, nur eines bedeuten: ein Leben im Untergrund, immer auf der Flucht vor den Sicherheitskräften des Apartheidregimes.
Dabei belastet es Mandela schon jetzt, so wenig Zeit mit seiner Familie verbringen zu können. Denn er ist, wie er selbst sagt, ein Familienmann. „Du musst dich entscheiden – zwischen Familie und Politik", fordert eines Abends seine Frau Evelyn, die die dauernde Abwesenheit ihres Mannes leid ist. Mandela entscheidet sich für die Politik, die Ehe endet in bitterem Streit.

Mandelas „Ehe" mit dem ANC dauert freilich an: Im November 1961 gründen Mandela und Mitstreiter eine Untergrundarmee, genannt Umkhonto we Sizwe – Speer der Nation. Kommandant der Gruppe, die das Apartheidsregime fortan mit Sabotageakten und Waffengewalt bekämpft: Nelson Mandela. Am 16. Dezember 1961 macht der ANC-Speer erstmals durch eine Reihe von Bombenanschlägen auf sich aufmerksam.

1948: Beginn der politischen Apartheid

Mit dem Wahlgewinn der National Party über die amtie-
rende United Party beginnt 1948 die formale Apartheid.
Bislang wurden Schwarze im täglichen Leben benachtei-
ligt und schikaniert. Nun aber, mit dem Wahlsieg im Rü-
cken, gingen die weißen Politiker noch einen Schritt weiter: Die Trennung zwischen Weißen, Schwarzen und den
sogenannten Coloureds* oder Farbigen wurde durch Gesetze zementiert – Gesetze, deren Missachtung Gefäng-
nisstrafen oder Zwangsvertreibungen mit sich zogen. Die
besten Schulen, Ausbildungsplätze und Arbeitsstellen
sind in der Folge nur für Weiße reserviert – ganz gleich,
ob sie schlau genug dafür sind.

Um sie zu trennen, müssen die Bevölkerungsgruppen
vorher definiert werden: Wer ist ein Schwarzer, wer ein
Farbiger? Dazu wird die „Behörde für Rassenklassifizie-
rung" gegründet, die anhand von Körpermerkmalen wie
der Farbe und der Struktur der Haare, Lippen und Finger-
nägel (!) ihre Tabellen ausfüllt. Grotesk geradezu der Test,
ob ein in die Haare gesteckter Stift herunterfällt, wenn der
Kandidat den Kopf schüttelt: Fällt der Stift heraus, so gilt
er als Farbiger, bleibt er stecken, als Schwarzer. (In der
Folge werden Kurzhaarfrisuren sehr beliebt!) Besonders
die Einordnung der Farbigen bereitet den Beamten Mü-
he: Sie werden schließlich in Asiaten, Inder, Kap-Malaien
und Mischlinge unterteilt. Interessant: Auf Druck der ja-

panischen Regierung werden Japaner als „Ehrenweiße" anerkannt.

Einmal klassifiziert, müssen die verschiedenen Gruppen nun räumlich getrennt werden. Dazu wird 1950 das „Group Areas"-Gesetz ins Leben gerufen. Es untersagt Nichtweißen fortan, in bestimmten Gebieten zu leben oder dort Land zu erwerben. Also kommt es in den Folgejahren zu einer massiven Zwangsumsiedlung, um Wohngebiete „rassisch" zu „säubern". Zwischen 1960 und 1980 müssen über zwei Millionen Menschen ihren Wohnort wechseln, darunter übrigens auch (ein paar wenige) Weiße.

Südafrika, 1960er-Jahre: Bei Unruhen werden immer wieder Schwarze verhaftet.

Die weißen Politiker, die die Rassentrennung ins Leben gerufen haben, begründen gegenüber Kritik aus dem Ausland ihre Politik damit, dass sich Schwarze und Weiße „unterschiedlich" entwickeln sollen. Dies setzt natürlich die rassistische Annahme voraus, dass Schwarze weniger qualifiziert sind als Weiße. Deshalb werden sie ab sofort in zehn sogenannte „Homelands" oder Reservate abgeschoben.

Diese Homelands werden von der Regierung Südafrikas als eigenständige Nationen angesehen. Das heißt: Ein Bewohner des Homelands Ciskei ist nunmehr ein Bürger der Ciskei und nicht mehr Südafrikas. Freilich darf dieser Bürger weiter in Südafrika als Gastarbeiter arbeiten. Denn schließlich benötigen die Minen rund um Johannesburg billige schwarze Arbeitskraft – so weit soll die Rassentrennung dann doch nicht gehen.

Weil Schwarze ohnehin nur minderwertige und körperliche Arbeit verrichten können, benötigen sie auch nur eine minderwertige Bildung – sagte der Minister für Eingeborenenfragen Hendrik Verwoed und stellt 1952 seine „Bantu-Erziehung" für Schwarze vor. Kurze Zeit später werden schwarze Studenten von bis dahin gemischten Universitäten verwiesen.

1953 schließlich wird Angehörigen verschiedener Rassen verboten, sich im gleichen Restaurant, Hotel, Strand, Bus oder Zug aufzuhalten. Sogar öffentliche Toiletten, Parkbänke und Krankenwagen fallen unter dieses Gesetz. In den Restaurants gibt es fortan getrennte Speisezimmer, in Parks und Grünflächen wird nach Hautfarbe flaniert. Gemischtrassige Theatervorstellungen? Von der Polizei aufgelöst. In der Folge tauchen überall Schilder auf: „Strand nur für Weiße" oder „Hier dürfen nur Weiße sitzen". Oder auf Afrikaans, der Sprache der weißen Apartheidpolitiker: „Blankes" und „Nie-blankes". 1960 wird der ANC schließlich verboten – und geht fortan in den Untergrund.

Homelands

Zu Deutsch „Heimatgebiete", bezeichneten die Homelands vorgeblich „unabhängige" Staaten nur für Schwarze auf dem Gebiet Südafrikas. Damit sollte das Apartheidkonzept der Rassentrennung verwirklicht werden. Tatsächlich aber waren die zehn Homelands (manchmal auch Bantustans genannt) wirtschaftlich und politisch weiterhin von Südafrika abhängig. Mit der Abschiebung schwarzer Südafrikaner in diese Reservate sollte Südafrika nach dem Willen der Apartheidpolitiker „weißer" wirken, als es in Wirklichkeit war. Allerdings wurden die „unabhängigen" Schwarzen-Staaten nie von einem anderen Land anerkannt. 1994 wurden alle Homelands aufgelöst und in die neu geschaffenen südafrikanischen Provinzen integriert.

Heimliche Mission: Mandela auf Werbetour in Afrika und London

Längst ist klar, dass der ANC, will er den Kampf gegen die rassistische weiße Regierung gewinnen, Unterstützung benötigt. Doch wer könnte dafür infrage kommen? Die USA sind, wie die meisten Länder in Europa, auf der Seite des Apartheidregimes – obwohl dort viele Schwarze leben. Also kommen nur noch die afrikanischen Nachbarn infrage. 1962 bereist Mandela deshalb als „Botschafter" der Schwarzen Südafrikas zwölf Länder auf dem Kontinent.

Ganz oben auf Mandelas Reiseroute: Äthiopien im Nordosten, das als einziges Land Afrikas niemals von Weißen kolonialisiert wurde. Dem dortigen Herrscher, Kaiser Haile Selassie, eilt ein faszinierender Ruf voraus – Mandela will ihn unbedingt kennenlernen. Daneben will er sich für den Untergrundkampf an der Waffe ausbilden lassen, neben Äthiopien hat auch Marokko eine Ausbildung zugesagt. In London wartet Oliver Tambo auf seinen alten Freund und Weggefährten Mandela.

Während seiner Reise führt Mandela Tagebuch – so in etwa könnte es ausgesehen haben:

26. Juni 1962
Um sieben Uhr morgens fliegen wir nach Addis Abeba (Äthiopien) und werden dort ins Ras-Hotel gebracht. (Aus: Bekenntnisse)

Nach Besuchen in Ägypten, Marokko, Algerien und einer Reihe anderer Staaten an der Westküste Afrikas jetzt also endlich Äthiopien. (Noch immer quält es mich, dass ich unsere Heimat heimlich verlassen, bei Nacht und Nebel über die Grenze flüchten musste und mich nicht von meinen Freunden und politischen Weggefährten verabschieden konnte.)

In Liberia gab mir Präsident Tubmann 5000 US-Dollar in bar für Waffen. Und als ich schon fast aus der Tür war, hat er mir noch einmal 400 Dollar zugesteckt, um meine Reisekosten zu decken. Eine wirklich noble Geste.

Doch am eindrucksvollsten ist es in Äthiopien. Schon vor meiner Reise hat mich ein Besuch in diesem Land mehr gereizt als Frankreich, Großbritannien und die USA zusammen. Meine Erwartungen haben sich mehr als erfüllt! Ich habe das Gefühl, meine Wurzeln als ein Mensch Afrikas zu entdecken.

29. Juni 1962

„Beginn der Militärausbildung. Ausbilder ist Leutnant Befe-kadu."

„Ich hatte noch nie zuvor eine Waffe abgefeuert, aber sie fühlte sich angenehm an in meinen Händen. Ich zielte, drückte den Abzug und als Nächstes sah ich, wie die Kugel auf dem Fels etwas Staub aufwirbelte. Meine Ausbilder beglückwünschten mich zu dem Schuss. Aber wie es sich herausstellte, war es ein Glücksschuss, denn bei mehreren weiteren Versuchen traf ich den Felsen nicht mehr." (Aus: Bekenntnisse)

30. Juni 1962

„Übungen im Sprengen." (Aus: Bekenntnisse)

Die körperliche Belastung ist enorm. Gewaltmärsche durch das Hochland mit Waffe, Munition und Verpflegungstornister. (Wasser!)

01. Juli 1962

„Ich verbringe den Tag mit Tagebuchaufzeichnungen." (Aus: Bekenntnisse)

Denke noch mit Erstaunen an die bemerkenswerte Zeremonie am Hofe des äthiopischen Kaisers Haile Selassie, der ich bei-wohnen durfte.

„Am Ende der Konferenz begrüßte er jeden ... und Genosse Oli-ver Tambo bat mich, für unsere Delegation zu sprechen, mit ihm zu sprechen. Ich erklärte ihm kurz, was in Südafrika vor

sich ging. Er saß in seinem Sessel, lauschte aufmerksam... Es war sehr interessant zu sehen, wie Weiße zu einem schwarzen Herrscher traten und sich vor ihm verbeugten. Äthiopien ist nie von den Weißen kolonialisiert worden. Wie anders sind die Verhältnisse in unserem Heimatland!" (Aus: Bekenntnisse)

Ärgere mich über mich selbst. Als ich in ein Flugzeug der Ethiopian Airways *gestiegen bin und den schwarzen Piloten angegafft habe wie eine Erscheinung. Das hat man nun von der Apartheid: Auch ich denke inzwischen wohl, Afrikaner seien minderwertig und nur Weiße könnten ein Flugzeug fliegen. Anders kann ich mir jedenfalls meine Überraschung, dass ein Schwarzer am Steuerknüppel sitzt, nicht erklären.*
Abends im Hotel schreibe ich Notizen für den bevorstehenden Kampf nieder. „Überlegungen, die man anstellen muss, wenn man eine Revolution auf den Weg bringen will", habe ich das Kapitel genannt.

21 Uhr, Licht aus, damit ich morgen früh noch besser zielen kann.

Als Mandela 1962 früher als geplant nach Südafrika zurückkehrt, wartet dort schon die Sicherheitspolizei. Er wird verhaftet und wegen illegalen Verlassens des Landes zu fünf Jahren Gefängnis verurteilt.

Guerillas im Exil: Südafrika und seine Nachbarn

Nachdem die südafrikanische Regierung den Ausnahmezustand ausgerufen und den ANC in den Untergrund getrieben hat, nimmt der Kampf gegen die Apartheid ein neues Gesicht an. Er ist nicht länger auf Südafrika beschränkt, sondern bezieht die Nachbarländer mit ein.

Anfang der 1960er-Jahre rollt eine Welle der Unabhängigkeit über den Kontinent. Überall befreien sich afrikanische Länder von der Fremdherrschaft der Europäer. Die britische Kolonie Njassaland wird zum unabhängigen Malawi. Jomo Kenyatta führt Kenia in die Unabhängigkeit von den Briten, Julius Nyerere wird Premierminister des freien Tanganjika. Uganda und Nigeria folgen. Nur im Süden des Kontinents sind Schwarze nach wie vor in den Ketten der Kolonialisierung gefangen. Südafrikas Nachbarn Mosambik und Angola zum Beispiel, die von Portugal ferngesteuert werden.

Die ANC-Untergrundkämpfer, ermutigt von den Unabhängigkeitsbewegungen auf dem Kontinent, suchen und finden Zuflucht in den sogenannten *„Frontline states"*, den Nachbarstaaten Südafrikas. Es sind dies Angola, Botswana, Lesotho, Mosambik, Sambia, Simbabwe, Swaziland und Tansania. Obwohl diese Länder wirtschaftlich vom reichen Südafrika abhängig sind (viele ihrer Bewohner arbeiten in den Minen des Apartheidstaates), unterstützen sie heimlich den Freiheitskampf der schwarzen Nachbarn.

Sie stellen den ANC-Guerillakämpfern Operationsbasen zur Verfügung, sorgen für militärisches Training und politische Bildung.

Das südliche Afrika wird zu dieser Zeit zu einem Spielball der beiden Supermächte, der Kalte Krieg erstreckt sich bis ins heiße Afrika.

Der Kalte Krieg in Afrika

Im sogenannten Kalten Krieg zwischen 1945 und 1991 wetteiferten der „Westen" (USA und Verbündete) und der „Osten" (Sowjetunion und Partner, der „Ostblock") um Einfluss in der Welt. Beide Lager versuchten, afrikanische Regierungen auf ihre Seite zu ziehen. Als Gegenleistung bekamen diese Geld, Waffen und Ausbildungs-Stipendien. Viele Afrikaner haben damals in den Ländern des Ostblocks, u. a. in der DDR, studiert. Auch das südliche Afrika und Südafrika selbst waren Schauplätze dieses Wettlaufes von Ost und West. Dabei ging es vor allem um den Kommunismus* – und die Angst der USA und Europas vor dessen Verbreitung. Als das südafrikanische Land Angola kommunistisch wurde, stand das südliche Afrika kurz vor einem Krieg. Erst der Zusammenbruch der Sowjetunion und damit das Scheitern des Kommunismus beendeten den Kalten Krieg.

„Wir befinden uns im Krieg", lautet der Titel einer Erklärung, die Mandelas Untergrundarmee „Speer der Nation"

(MK) veröffentlicht. Die Kämpfer des MK seien „Freiheitskämpfer" und keine Terroristen, heißt es darin. Südafrikanische Apartheidagenten verfolgen die ANC-Guerillas über die Grenzen. Sie sehen in ihnen keine Freiheitskämpfer, die für eine gerechte Sache streiten, sondern Terroristen, die es zu töten gilt. So bringen südafrikanische Soldaten in Angola an einem einzigen Tag mehr als 1 000 Sympathisanten einer ANC-nahen Befreiungsorganisation um.

Immer wieder kam es zu Auseinandersetzungen zwischen der schwarzen Bevölkerung und den weißen Machthabern.

Das gewaltvolle Eingreifen der Regierung Mitte der 70er-Jahre in den Townships rund um Johannesburg sorgte ebenfalls dafür, dass viele junge Männer und Frauen Südafrika verlassen und sich dem MK anschließen. Dieser versucht, mit gezielten Schlägen gegen strategische Einrichtungen den Apartheidstaat in die Knie zu zwingen, damit er die verhassten Rassengesetze lockert oder – besser noch – ganz aufgibt.

Wie viele Menschen letztendlich bei den Guerillaattacken ums Leben kamen, ist nicht gewiss. Fest steht, dass der „Speer der Nation" zu keiner Zeit eine ernsthafte Bedrohung für das Apartheidregime darstellt. Dennoch versetzen die Attentate die Sicherheitskräfte in ständige Alarmbereitschaft und lenken das internationale Interesse auf den Unrechtsstaat.

Ende der 1980er-Jahre schließlich ist der Kalte Krieg endlich zu Ende. Das führt nicht nur in Europa zu nachhaltigen Veränderungen. Auch für das südliche Afrika und vor allem für Südafrika hat das drastische Auswirkungen. Denn die weiße Apartheidregierung wird nun nicht mehr von außen unterstützt und fällt wie ein geplatzter Luftballon in sich zusammen.

Verhaftung und Rivoniaprozess: Lebenslänglich!

„Bitte erheben Sie sich. Es wird verhandelt: der südafrikanische Staat gegen Nelson Mandela und andere."
Es ist der 20. April 1964. Nelson Mandela und 15 Mitangeklagte stehen im sogenannten Rivoniaprozess vor Gericht. Die Anklage: Sabotage und Verschwörung. Die geforderte Strafe der Staatsanwaltschaft: Todesstrafe!

Was war passiert?
Am 5. August 1962 war Mandela verhaftet und wegen unerlaubten Verlassens des Landes zu fünf Jahren Haft auf der Gefängnisinsel Robben Island verurteilt worden. Es ist die erste Begegnung mit dem gefürchteten Inselknast – und es soll nicht die letzte bleiben. Schon nach zwei Wochen darf er die Insel überraschend verlassen – findet sich aber bereits kurz darauf wieder auf der Anklagebank.
Denn die südafrikanischen Sicherheitsdienste haben das Hauptquartier von Mandelas Guerillabewegung „Speer der Nation" ausfindig gemacht, die Liliesleaf Farm in Rivonia. Erfolgreich hatten sie einen Spitzel eingeschleust, er gab den entscheidenden Hinweis. Am 11. Juli 1963 stürmen sie den Bauernhof, der Staatsanwalt bereitet zeitgleich die Anklage vor: Nicht weniger als 221 Fälle von Sabotage werden

Mandela und seinen Mitstreitern zur Last gelegt! Die harten Apartheidgesetze sehen dafür die Todesstrafe vor.

Viereinhalb Stunden lang wird Mandela im Zeugenstand angehört. Er gesteht Sabotage und erläutert seinen Werdegang von einem politisch aktiven Rechtsanwalt zum Guerillachef, der es mit einem ganzen Staat aufnimmt.

Nach außen hin wirkt Mandela wie immer gefasst. Doch wie sieht es drinnen aus, hinter der Fassade?

„Wir rechneten mit der Todesstrafe und hatten uns damit abgefunden. Aber es ist natürlich ein sehr einschneidendes Erlebnis, wenn einem jemand verkündet: ‚Das ist das Ende Ihres Lebens.' Das war bedrückend, aber wir hatten versucht, uns für diese Möglichkeit zu wappnen, so tragisch sie war." *(Aus: Bekenntnisse)*

Am 12. Juni 1964 ist es so weit. „Gefangene Mandela und andere, bitte erheben Sie sich zur Urteilsverkündung von ihren Bänken." Ganz Südafrika und die halbe Welt warten auf den Richterspruch des Vorsitzenden Quartus de Wet. Vor allem in den USA, wo die Rassenkämpfe zwischen Schwarzen und Weißen toben, aber auch in Europa nehmen die Menschen großen Anteil an dem Schicksal der Südafrikaner. Der gut aussehende, kluge und wortgewandte Mandela ist eine ideale Sympathiefigur, seine Verurteilung verfolgen weltweit Millionen von Menschen.

> „I have decided not to impose the supreme penalty, which in a case like this would usually be the penalty for such a crime. But consistent with my duty, that is the only leniency which I can show. The sentence in the case of all the accused will be one of life imprisonment."
>
> „Ich habe mich entschlossen, nicht die Todesstrafe zu verhängen, die für ein Verbrechen dieser Art normalerweise vorgesehen wäre. Aber das ist die einzige Milde, die ich in Ausübung meiner Pflicht walten lassen kann. Die Strafe lautet auf ‚lebenslang' für alle Angeklagten."

Es ist viel gerätselt worden, warum der vorsitzende Richter Quartus de Wet die erwartete Todesstrafe nicht aussprach und stattdessen „nur" lebenslänglich verhängte. Hat er sich von den internationalen Protesten beeinflussen lassen? Hat ihm gar die Apartheidregierung zugeflüstert, es bloß nicht aufs Äußerste ankommen zu lassen und den berühmten Gefangenen Mandela zum Tode zu verurteilen? Wir wissen es nicht. Vielleicht war der Mann auch einfach beeindruckt von den Worten des charismatischen Angeklagten, der sich im Gerichtssaal folgendermaßen an ihn gewandt hatte:

„Mein Leben lang habe ich mich diesem Kampf des afrikanischen Volkes gewidmet. Ich habe gegen weiße Vorherrschaft gekämpft und ich habe gegen schwarze Vorherrschaft gekämpft. Ich habe das Ideal der Demokratie und der freien

Gesellschaft hochgehalten, in der alle Menschen in Harmonie und mit gleichen Möglichkeiten zusammenleben. Es ist ein Ideal, für das ich zu leben und das ich zu erreichen hoffe. Doch wenn es sein soll, dann bin ich für dieses Ideal auch zu sterben bereit." *(Aus: Bekenntnisse)*

Die Verhaftung Mandelas und seiner Mitstreiter löste eine Welle heftiger Proteste aus.

„Nur für Weiße": Die alltägliche Apartheid

Wer das Wort „Apartheid" im Duden nachschlägt oder im Internet googelt, der stößt gleich auf zwei Definitionen. Als wäre *eine* Apartheid nicht schlimm genug! Es gibt die „grand" oder „große" Apartheid und die „petty Apartheid" – die „kleine" oder „Alltags-Apartheid".

„Grand Apartheid" meint die auf dem Zeichenbrett und in Ministerien entworfene Rassentrennung. So wurden Schwarze in sogenannte Homelands oder Reservate abgeschoben, also bereits räumlich aus dem weißen Südafrika ausgegrenzt. Zusammen mit all den rassistischen Gesetzen entwarfen die Politiker der National Party in ihren schicken Regierungsgebäuden diese radikale Ausgrenzung aller Schwarzen aus dem gesellschaftlichen Leben.

Der Begriff „kleine Apartheid" beschreibt die alltäglichen Schikanen und Diskriminierungen, denen nicht weiße Südafrikaner jeden Tag aufs Neue ausgesetzt sind. Separate Abteile im Bus und im Vorortzug. Nach Hautfarben getrennte Schulen. Das Verbot für einen Farbigen, einen für Weiße reservierten öffentlichen Park oder Strand zu betreten. Wie erniedrigend muss es sein, in einem Krankenhaus, auf der Post, bei der Antragstellung im Gemeinderathaus, am Bankschalter oder sogar auf öffentlichen Toiletten den separaten „nicht weißen" Eingang nehmen zu müssen. Man stelle sich den Aufwand vor, all die *„Whites only"*- Schilder zu prägen und aufzustellen. Der Rassenwahn macht sogar vor den Autokinos keinen Halt:

Schwarze und weiße Leinwandfans müssen in getrennten Parkbuchten parken!
Kapstadt ist bekannt für seine schönen Strände. Aber selbst hier kontrolliert der Apartheidstaat. Der pittoreske „Boulders Beach" mit seinen Duschen und Grillplätzen ist für weiße Badegäste reserviert. Afrikaner dagegen müssen sich mit dem wesentlich unattraktiveren „Mnandi Beach" begnügen. „Farbige" und „Inder" werden besser gestellt als Schwarze, genießen aber selbstredend nicht die Privilegien von Südafrikas weißer Bevölkerung.
Es gibt eigentlich nur zwei Orte, an denen die strengen Verbote gebrochen werden. Zum einen in der Kirche. Dort ist man froh um jeden Gläubigen und so werden Farbige und Schwarze von der weißen Gemeinde beim Gottesdienst geduldet. Gut möglich, dass sich der Banknachbar dann als (schwarzer oder farbiger) Bekannter entpuppt, mit dem man die Nacht zuvor in einem einschlägigen Nachtklub, einem Spielkasino oder einer Drogenspelunke gezecht hat. Auch dort mischen sich die Farben – illegal versteht sich.

Häftling 46664: Die Gefängnisjahre auf Robben Island

„Robben Island, einst eine Leprakolonie, im Zweiten Weltkrieg eine Marinefestung, eine winzige Felsnase aus Kalkstein, kahl, vom Wind gepeitscht und von der kalten Benguela-Strömung umspült, ein Ort, dessen Geschichte auch die Jahre der Sklaverei unseres Volkes nacherzählt. Mein neues Zuhause." *(Aus: Bekenntnisse)*

Tagesablauf

5:30	Aufstehen und Zelle aufräumen
6:00	Frühstück: besteht aus Maisbrei und Maiskaffee
7:00–11:00	Arbeit im Steinbruch
11:15	Mittagessen – Gekochte Maiskolben
12:00–14:00	Freizeit im Pausenhof
14:30	Abendessen: Maisbrei und Gemüse (jeden zweiten Tag altes Fleisch)
15:00–6:00	Zellenaufenthalt, Lernen, Schlafen

Natürlich wollen die Besucher so schnell wie möglich zur Zelle Nummer 5. Am frühen Morgen schon haben sie sich im Hafen von Kapstadt in die Schlange gestellt, 200 Rand (umgerechnet 21 Euro) bezahlt und mit Glück einen Platz auf der Fähre nach Robben Island bekommen. Dort führt sie ein ehemaliger Häftling durch die Anlage, erklärt, deutet hierhin und dorthin, lässt die Vergangenheit auferstehen. Aber ... bitte ... kann er denn nicht schneller erzählen ... wann erreicht die Besuchergruppe denn nun ENDLICH die Zelle mit der Nummer 5?

Die Nummer 5 ist ohne Zweifel die berühmteste Gefängniszelle der Welt. Hier, auf vier Quadratmetern, verbrachte Nelson Mandela 18 seiner 27 Gefängnisjahre. 16 Stunden am Tag. Die Ausstattung: ein tiefer Teller, ein flacher Teller, ein Löffel, ein kleiner Schrank, eine 2 cm dicke Schlafmatte und eine Wolldecke. Ein richtiges Bett bekamen die Insassen erst 1974 nach einem

Zwei Meter lang, zwei Meter breit – in dieser Zelle verbrachte Mandela fast zwei Jahrzehnte seines Lebens.

Hungerstreik, genauso wie warmes Duschwasser. Als Toilette diente ein einfacher Eimer, den die Gefangenen täglich säubern mussten.

„Hier, Mandela, ist dein brauner Zucker für den Haferbrei. Du weißt ja: Der weiße Zucker ist für uns Weiße reserviert." Täglich mussten sich die Gefangenen rassistische Beleidigungen ihrer Wächter anhören. Ein besonders fieser Geselle mit Namen van Rensburg machte sich einen Spaß daraus, bei den kargen Pausenmahlzeiten vor den Gefangenen zu urinieren.

Weiter geht die Führung über den Pausenhof. „Hier durften die Gefangenen zwei Stunden am Tag verbringen", erzählt der Fremdenführer. „In den späteren Jahren erkämpften sich die Häftlinge einige Privilegien. Sie durften Volleyball spielen oder Tennis, am Ende auch Theater. Das Tennisspiel erfüllte übrigens einen ganz besonderen Zweck: Die Gefangenen schoben geheime Botschaften in die aufgeschlitzten Tennisbälle und schlugen diese wie zufällig über die Mauer zu den Mitgefangenen."

Der Wortführer bei Streiks und Eingaben an die Gefängnisverwaltung, so erfahren die Besucher, war stets Nelson Mandela. „Einer der Gefängnisbeamten, ein gewisser James Gregory, hat mal gesagt: ‚Er hatte eine Ausstrahlung, die signalisierte: Ich bin ein Anführer, mich kann niemand einschüchtern.'" So durfte Häftling 46664 auch einen kleinen Garten bestellen: Auf dem kargen, sandigen Boden von Robben Island betreute Mandela jahrelang ein paar Beete. *(Aus: Der lange Weg zur Freiheit)*

Um die Monotonie der Tage zu brechen und um nicht verrückt zu werden, richteten die Häftlinge eine „Gefängnisuniversität" ein. So entstanden die berühmten Lerngruppen von Robben Island: Immer drei Studenten schlossen sich zusammen und recherchierten zu einem vorgegebenen Thema. So diente das Gefängnis als Schule fürs Leben. Trotz der widrigen Umstände erlangten zahlreiche Häftlinge per Fernstudium einen Universitätsabschluss.

Die Lehrbücher ersetzten den Gefangenen die Familienange-hörigen, von denen sie fast komplett abgeschnitten waren. Es durften nur zwölf Briefe im Jahr geschrieben werden, einmal in sechs Monaten durfte ein Besucher kommen – für 30 Mi-nuten, in seltenen Ausnahmefällen für eine ganze Stunde.

„Im Gefängnis ist das Einzige, was noch schlimmer ist als eine schlechte Nachricht über die eigene Familie, überhaupt keine Nachricht", schreibt Mandela. *(Aus: Der lange Weg zur Freiheit)*

Neben den psychischen Belastungen, der Eintönigkeit der Ta-ge, der Trennung von der Familie und der täglichen Schikane der weißen Wärter hinterließ der Gefängnisaufenthalt auch körperliche Spuren. Das wird deutlich, als der Fremdenführer die Gruppe zum Gefängnissteinbruch bringt. „Wenn die Jour-nalisten heute ein Foto von Mandela machen wollen, müssen sie das Blitzlicht ausschalten", erzählt er. Fragende Gesichter in der Runde. „Na, weil er 13 Jahre lang in dem Steinbruch gearbeitet hat, sind seine Augen von der Reflexion des Son-nenlichts auf dem hellen Kalkstein beschädigt." Jetzt verste-hen alle.

Die Führung ist zu Ende, die Gruppe ist deutlich stiller als auf der Hinfahrt. 18 Jahre verbrachte Nelson Mandela auf Robben Island, hat der ehemalige Mithäftling erzählt. Das hat auch die jungen Italiener, die die ganze Zeit Faxen gemacht haben, nachdenklich werden lassen. „So lange, wie ich bereits auf der Welt bin", murmelt einer.

„Free Mandela": Apartheid-Südafrika wird isoliert

Am Ende ging es dann doch. Nachdem Stevie Wonder zunächst die Bühne verlassen hatte, weil Teile seines Equipments fehlten, spielte der Überraschungsgast dann doch noch seinen Top-Hit „I just called to say I love you" – und die 70 000 Zuschauer im Londoner Wembleystadion und eine Milliarde Fernsehzuschauer in 60 Ländern waren aus dem Häuschen.

Es ist der 11. Juni 1988 und die größten Pop-Artisten der Welt – Sting, Peter Gabriel, Dire Straits, Eric Clapton, die Simple Minds und Whitney Houston – geben sich ein Stelldichein beim *„Free Nelson Mandela"*-Konzert. Sie feiern den 70. Geburtstag des berühmtesten Gefangenen der Welt – und fordern seine Freilassung aus dem Gefängnis. Ob es Zufall ist, dass Mandela tatsächlich nicht einmal zwei Jahre nach dem spektakulärsten Polit-Konzert aller Zeiten entlassen wird? Südafrikas Minderheitsregierung steht zwölf Stunden lang am Pranger. Der politische Druck ist so groß, dass der konservative US-amerikanische Nachrichtensender Fox News die Ausstrahlung zensieren muss – immerhin gilt Nelson Mandela in den USA noch immer als Terrorist.

Weltweit engagierten sich in den 1980er-Jahren Hunderttausende gegen die Unterdrückung schwarzer Menschen in Südafrika. Auch in Deutschland gab es Demonstrationen, Studenten, Gewerkschafter, Frauen- und Kirchen-

gruppen protestierten gegen Handelsbeziehungen zwischen Deutschland und dem Kapland.

Sie demonstrierten auf der Straße oder weigerten sich, Produkte wie Früchte aus Südafrika zu kaufen. Demos oder der Boykott südafrikanischer Bananen können die Regierung von Südafrika freilich nicht in Bedrängnis bringen. Doch nach dem Massaker von Sharpeville (s. Kapitel 4) wird Südafrika 1960 aus der Staatengruppe Commonwealth* gedrängt, damit waren sie wirtschaftlich isoliert. 1976 schließlich verurteilen die Vereinten Nationen* die Apartheid als Verbrechen gegen die Menschlichkeit. Und das bringt die südafrikanische Regierung schon zum Strauchen.

Noch mehr verletzt aber der internationale Sportboykott den Nationalstolz der Apartheidunterstützer. Die Südafrikaner werden wegen der Rassendiskriminierung im eigenen Land von den Olympischen Spielen ausgeschlossen, ihre Fußballer scheiden aus dem Fußball-Weltverband aus. Neuseeland und Indien weigern sich, gegen Südafrikas (weiße) Cricket- und Rugbyteams anzutreten.

Auch in Deutschland wurde gegen das Apartheidsregime Südafrikas protestiert und zum Boykott aufgerufen.

Was viele ahnten, aber nicht beweisen konnten: Deutschland war einer der Hauptunterstützer der Apartheid! Vor allem die drei großen Banken Deutsche Bank, Dresdner Bank und Commerzbank haben dem klammen Apartheidregime immer wieder Kredite gewährten, also Geld geliehen, damit es seinen Unterdrückungsapparat finanzieren, Waffen und gepanzerte Fahrzeuge kaufen konnte. Auch deutsche Firmen und Waffenschmieden haben ein gutes Geschäft mit dem Polizeistaat am Kap gemacht. So hat das Computerunternehmen IBM offenbar Computertechnik an die südafrikanische Polizei und die Armee geliefert. Insgesamt sollen deutsche Firmen zwischen Anfang der 1970-er Jahre und 1993 acht Milliarden D-Mark (heute ca. vier Milliarden Euro) verdient haben.

Auch die USA setzten sich für die rassistische weiße Minderheitenregierung ein. Denn schließlich benötigten amerikanische Firmen Südafrikas Bodenschätze, vor allem das kostbare Uran, und das bekamen sie nur von den weißen Politikern. Was zählen da schon (schwarze) Menschenrechte!

Erst viele Jahre nach dem Ende der Apartheid wurden in den USA sogenannte Sammelklagen gegen Banken und Firmen eröffnet, die von der Apartheid profitierten.

Traurig aber wahr: „Deutsche Banken", so heißt es in der Klageschrift, die der Staranwalt Ed Fagan 2002 im Auftrag von Apartheidopfern aufsetzte, gehörten zu den „Hauptfinanziers der Apartheid". Er behauptet, dass die Apartheid ohne die Unterstützung vor allem deutscher Firmen und Banken bereits 1985 zusammengebrochen wäre.

Geheimverhandlungen mit dem Erzfeind

Wie der Zufall so spielt. Da sitzt der südafrikanische weiße Justizminister Coetsee also im November 1985 in einem Flugzeug der *South African Airways* auf dem Weg zu einem Termin. Natürlich reist er Erster Klasse – die nach den Gesetzen der Rassentrennung für Schwarze tabu ist. Die Flugbegleiter staunen also nicht schlecht, als plötzlich eine selbstbewusste, äußerst hübsche – aber schwarze – Frau in der Kabine auftaucht. Es ist Winnie Mandela, die zweite Ehefrau Nelson Mandelas. „Mit typischer Unverfrorenheit ging sie zur Ersten Klasse des Flugzeugs durch und setzte sich neben den Minister", erinnert sich der Journalist Allister Sparks, „und sie unterhielten sich fast den ganzen Zwei-Stunden-Flug hindurch." *(Aus: Bekenntnisse)*

Als das Flugzeug landet, hat Coetsee ihr seine Zusage gegeben, den Staatsfeind Nummer eins, Nelson Mandela, im Krankenhaus zu besuchen. Dort liegt der Häftling und erholt sich von einer Prostataoperation – wie Winnie dem Minister beim Plausch über den Wolken erzählt hat.

So viel sei hier vorweggenommen: Der Besuch des Ministers am Krankenbett ist der erste direkte Kontakt der Regierung mit dem Guerillakämpfer – oder Terroristen – Nelson Mandela. Und er führt fünf Jahre später zu seiner Freilassung.

Aber langsam: Noch misstrauen sich beide Seiten zutiefst.

Mandela lehnt mehrfach das Angebot Präsident Bothas ab, das Gefängnis zu verlassen. Denn die Regierung stellt eine Bedingung: Mandela soll sich öffentlich von jeglicher Gewaltanwendung des ANC im Befreiungskampf distanzieren. Und dazu ist er nicht bereit.
Während Mandela geheime Verhandlungen vorbereitete, rief der ANC dazu auf, das Land durch Massenproteste und Sabotageakte unregierbar zu machen. 1986 verhängte die Regierung den Ausnahmezustand. Wenige Tage später brachte man Mandela zu einem Geheimgespräch mit Justizminister Coetsee in dessen Residenz.
Unter strenger Geheimhaltung fand dann am 5. Juli 1989 das erste direkte Gespräch zwischen Botha und Mandela in der Präsidentenresidenz statt. Beim Tee plaudern der Präsident

Nomzamo Winnifred („Winnie") Madikezela-Mandela, damalige Ehefrau von Nelson Mandela

und Mandela über Südafrikas Geschichte. Erst zum Schluss der Begegnung bringt der Gast die Sprache auf sein Anliegen: Mandela bittet um die Freilassung aller politischen Gefangenen, sich selbst inbegriffen. Botha entgegnet, das sei nicht möglich.

Sechs Wochen nach dem Treffen tritt Botha zurück, angeblich aus „gesundheitlichen Gründen". Doch in Wahrheit macht er den Weg für den Machtwechsel von Weiß zu Schwarz frei. Er hat – endlich – begriffen, dass die langen Jahre der Unterdrückung der schwarzen Bevölkerungsmehrheit das Land ausgeblutet und in den Ruin getrieben haben.

Am 13. Dezember 1989 trifft sich sein Nachfolger Willem de Klerk mit Nelson Mandela. Die beiden Männer sind sich sympathisch, aber auf Sympathie kommt es jetzt nicht mehr an: Die Apartheid in Südafrika ist am Ende.

Am 02. Februar 1990 kündigt Präsident de Klerk in seiner Rede zur Eröffnung des (weißen) Parlamentes die Aufhebung des Verbots des ANC und weiterer Organisationen des schwarzen Widerstandes, die Freilassung aller politischen Gefangenen sowie das Ende des seit Jahren andauernden Ausnahmezustandes an. Die Abgeordneten und Journalisten im Parlament trauen ihren Ohren nicht. Ist dies wirklich der als „verkrampt", wie es auf Afrikaans heißt, also als „verkrampft" geltende de Klerk, der hier mit einem Streich das Ende der Apartheid ankündigt? Und es kommt noch besser (oder schlechter für manchen der weißen Volksvertreter im Saal):

> „I wish to put it plainly that the Government has taken a firm decision to release Mr Mandela unconditionally. I am serious about bringing this matter to finality without delay. The Government will take a decision soon on the date of his release." – „Um es im Klartext zu sagen, die Regierung hat den festen Entschluss gefasst, Herrn Mandela ohne Bedingungen freizulassen. Ich habe die feste Absicht, dieses Kapitel ohne jede weitere Verzögerung zu beenden. Die Regierung wird in Kürze eine Entscheidung über den Tag seiner Freilassung fällen." *(Aus: Reden des Parlaments)*

Er sei an dem Tag „ganz ruhig" gewesen, erzählt de Klerk später, obgleich er gewusst habe, dass die Folgen seiner Rede „das Gesicht Südafrikas, wie wir es kannten", für immer verändern würde. Bei der nächsten Begegnung eine Woche später eröffnet de Klerk dem Häftling, man werde ihn am nächsten Tag aus dem Gefängnis entlassen, und zwar in Johannesburg. Zu jedermanns Überraschung protestierte Mandela: Er brauche noch Zeit, um seine Rückkehr in die Freiheit vorzubereiten. Nach 27 Jahren kam es ihm offenbar auf ein paar Tage mehr oder weniger nicht an. Und außerdem, so Mandela weiter, weigere er sich, in Johannesburg freigelassen zu werden, sondern er wolle in Kapstadt zu den Menschen sprechen. Eine Verschiebung war freilich nicht mehr möglich, die Medien waren längst über das Jahrhundert-Ereignis informiert worden und bauten ihre Kameras vor dem Gefängnis in Johannesburg auf.

Das Krokodil beißt nicht mehr

Ende der 1980er-Jahre ächzt Südafrika unter den Folgen der Apartheidpolitik: Südafrikas Wirtschaftsführer, die Touristenmanager, die Sportler und vor allem die ganz normalen weißen Südafrikaner wollen endlich Normalität – von Südafrikas schwarzer Bevölkerungsmehrheit ganz abgesehen. Sie wollen reisen können und mit der Welt Handel treiben, ohne auf Schritt und Tritt wie Aussätzige behandelt zu werden. Immer mehr Weiße schließen sich den Antiapartheid-Demonstrationen an. Derart unter Druck von der Weltmeinung und der eigenen Bevölkerung streitet die weiße Regierungspartei NP, wie lange sie die Rassentrennung noch aufrechterhalten kann. Das einst so bissige Krokodil Pieter Willem Botha verliert dabei zunehmend seine Zähne. Er ist nach einem Schlaganfall geschwächt, verpasst Parlamentssitzungen, Parteifreunde und Medien drängen ihn zum Rücktritt. Hatte er noch 1986 erklärt, Südafrika sei kein Volk von „Waschlappen", geht ihm nun selbst die Puste aus. Am 14. August 1989 kündigt er schließlich in einer sehr krokodilig-grolligen Fernsehansprache seinen Rücktritt an. Sein Nachfolger wird Erziehungsminister Frederik Willem de Klerk, der sofort Reformen ankündigt, damit sich Südafrika aus der weltweiten Isolation lösen kann.

„Bestie" und „Mörder" sind nur einige der Schimpfwörter die Botha nachgerufen werden, als er nach elf Jahren als Präsident den Regierungssitz räumt. Typisch: Nelson Mandela selbst, dessen Treffen mit Botha im Juli 1989 den Weg für einen friedlichen Übergang von Weiß zu Schwarz frei machte, betont die gute Zusammenarbeit zwischen ihnen.

Am Ende haben der Widerstand der schwarzen Bevölkerung, der internationale Druck auf Südafrika, der Regierungswechsel von Botha zum gemäßigteren de Klerk und die Kompromisslosigkeit Mandelas bei den Geheimverhandlungen endlich die Rassentrennung am Kap in die Knie gezwungen. Am 17. März 1992 stimmten in einer Volksabstimmung zwei von drei weißen Südafrikanern für die Abschaffung der Apartheid.

Das Krokodil selbst zeigte sich allerdings uneinsichtig. Nach der Wahl 1994 und dem Amtsantritt Mandelas als erstem schwarzen Präsidenten weigerte sich Botha, vor der Wahrheits- und Versöhnungskommission (siehe auch Sachkapitel 11, Seite 92–93), über seine Verantwortung bei den Verbrechen der Apartheid auszusagen. Eine „Hexenjagd" sei das und es gebe „nichts, wofür er sich entschuldigen müsse". Nun ja. Ein schwerer Fall von plötzlicher Vergesslichkeit? Oder wollte er einfach nicht zu seinen Taten stehen?
Sein Nachfolger de Klerk machte jedenfalls eine bessere Figur – und bekam zu Recht 1993 gemeinsam mit Mandela für seine Bemühungen um ein friedliches Zusammenleben aller Rassen in Südafrika den Friedensnobelpreis.

11.02.1990, 16.14 Uhr: die Freilassung

„Etwa 30 Meter vor dem Tor begannen die Kameras zu klicken, ein Geräusch, das sich anhörte wie eine riesige Herde metallischer Tiere. Es war ein glückliches, wenn auch etwas verwirrendes Chaos. Als ein Fernsehteam ein langes dunkles, pelziges Objekt auf mich richtete, wich ich ein wenig zurück und fragte mich, ob das irgendeine neue Waffe sei. [Meine Frau] Winnie teilte mir mit, es handle sich um ein Mikrofon. Als ich mitten in der Menge war, hob ich die rechte Faust, und Jubel brauste auf. Das hatte ich 27 Jahre lang nicht tun können und mich durchströmten Kraft und Freude. (...) Als ich endlich durch das Tor schritt, hatte ich trotz meiner 71 Jahre das Gefühl, ein neues Leben zu beginnen. Die 10 000 Tage meiner Gefangenschaft waren vorüber." *(Aus: Der lange Weg zur Freiheit)*

Am Ende macht die eine Stunde keinen Unterschied mehr. Um kurz nach 15 Uhr werde Mandela aus dem Victor-Verster-Gefängnis entlassen, hatte es am Tag zuvor in der Pressemitteilung geheißen. Es wird schließlich 16.14 Uhr, bevor der berühmteste Gefangene der Welt in die Freiheit tritt. Gekleidet in einen hellbraunen Anzug und Krawatte, an seiner Hand: Winnie Mandela, seine Noch-Ehefrau. Die beiden werden sich kurze Zeit später trennen, ihre Liebe hat die lange Trennung nicht überlebt. Zunächst aber sieht und

hört die Welt (dank dunkler, pelziger Objekte!) einen strahlenden Nelson Mandela. Victory! Er steigt in einen silbernen BMW und wird in das 50 Kilometer entfernte Kapstadt davongefahren.

Die Freiheit kommt für Mandela nicht völlig unvorbereitet. 1988 war er in ein Gefängnis in der Nähe von Kapstadt verlegt worden, um sich langsam an das Leben „draußen" zu gewöhnen. Dazu gehörten geheime Ausflüge nach Kapstadt. Dabei erlebte Mandela einen bizarren Moment. Der stellvertretende Kommandeur des Gefängnisses, Oberstleutnant Ga-

Endlich frei! Nelson Mandela am Tag seiner Freilassung mit Winnie Mandela

wie Marx, hatte ihn in der Stadt herumgefahren und ihm die Sehenswürdigkeiten gezeigt. Auf dem Heimweg hielt Marx vor einem Einkaufszentrum. „Möchten Sie eine Cola, Mister Mandela?" Er sprang aus dem Wagen und verschwand in einem Café. „Er ließ mich da sitzen, allein im Wagen, die Schlüssel in der Zündung", erinnert sich Mandela. „Es war für mich sehr verstörend. Da saß ich, ich war seit 22 Jahren im Gefängnis gewesen und ich wusste nicht, ob ich mich daran hindern konnte, einfach wegzulaufen. Es war so neu, so unerwartet. Ich wusste wirklich nicht, was ich tun würde." Mandela floh nicht. Vielleicht war er einfach zu überwältigt von den Eindrücken, die bei der Stadtfahrt auf ihn einprasselten. Denn schließlich war er nach Jahrzehnten des Gefängnislebens auf der abgeschiedenen Insel Robben Island belebte Straßen, Verkehrsgetümmel und Cafés nicht mehr gewohnt. Vielleicht wollte er aber auch, so kurz vor seiner Freilassung aus dem Gefängnis, den weißen Politikern keine Gelegenheit geben, ihn wegen versuchter Flucht doch noch länger im „Bau" zu lassen. *(Aus: Bekenntnisse)*

An diesem 11. Februar 1990 nun ist Mandela ein freier Mann und kann Cola trinken, wo und wann er will. Doch natürlich hat er jetzt andere Dinge im Kopf. Seit Stunden warten in Kapstadt seine Anhänger auf ihn. „Ich werde nicht in Pretoria, der Hauptstadt des Unterdrückerstaates, sondern in Kapstadt vor meine Leute treten", hatte er den Behörden klargemacht. Als Mandela um 20 Uhr den Balkon des Rathauses betritt, ist

72

die Menge auf 50 000 Menschen gewachsen. Sie alle wollen einen Blick auf den Mann werfen, von dem sie sich eine Wende für ihr Land versprachen. *(Aus: Bekenntnisse)*

Der Historiker Jabulani Sithole erinnert sich: „27 Jahre lang hatten die Menschen darüber spekuliert, wie Mandela wohl heute aussehen würde. Denn während seiner Haftzeit gelangten keinerlei Fotos an die Öffentlichkeit. An diesem Tag sah man ihn zum ersten Mal wieder. Ich würde zwar nicht von einem Messias sprechen, aber hier erschien ein Mann, auf den die Leute gewartet hatten und der die Dinge grundlegend verändern würde. Es war ein großartiger Moment." *(Aus: Bekenntnisse)*

In der Tat hat manch einer in der Menge Schwierigkeiten, in dem Mann auf dem Balkon den jungen Rechtsanwalt und Freiheitskämpfer zu erkennen, der 1964 hinter Gittern verschwunden war. Die Stimmung ist ausgelassen, doch auch etwas angespannt: Am Nachmittag hat es bei Ausschreitungen Tote und Verletzte gegeben. Die Polizei ist in Alarmbereitschaft. Dann ergreift Mandela das Wort.

Mandelas Rede in Auszügen:
„Heute akzeptiert die Mehrheit der Südafrikaner, Schwarze und Weiße, dass die Apartheid keine Zukunft hat. (...) Die Bedingungen, die zum bewaffneten Kampf führten, existieren noch immer. Wir haben keine Wahl, als diesen Kampf fortzusetzen. Wir sind aber der Hoffnung, dass ein neues Klima sehr bald zu Verhandlungen und Vereinbarungen führen wird,

sodass wir nicht länger den bewaffneten Kampf führen müssen. (...) Unser Marsch in die Demokratie ist unumkehrbar. Wir werden nicht erlauben, dass die Angst uns im Weg steht. Allgemeine und gleiche Wahlen in einem demokratischen und nicht rassistischen Südafrika sind der einzige Weg zu Frieden und Verständigung zwischen den Rassen." (Aus: Mandelas Rede anläßlich seiner Freilassung)

Während Mandela spricht, zeigt das südafrikanische Staatsfernsehen ein Porträt des schwarzen Volkshelden. Eine Live-

In seinen feurigen Reden riss Mandela seine Anhänger mit – doch plädierte er nicht für den Kampf, sondern warb für Versöhnung und Menschlichkeit.

Übertragung seiner Rede erscheint den Regierenden wohl doch zu gefährlich.

Dabei predigt Mandela Versöhnung, nicht Vergeltung. Er beruhigt die Weißen und betont, dass sie Teil des neuen Südafrikas sind. Gleichzeitig beschwichtigt er die radikalen Kräfte innerhalb des ANC: Der bewaffnete Kampf gegen die Apartheid wird so lange weitergehen, wie es Rassenschranken gibt.

Die Rede ist ein Vorgeschmack auf die vielen Balanceakte, die Mandela in den kommenden Jahren vollbringen muss, um das Land vor einem Bürgerkrieg zwischen den Volksgruppen der Xhosa und Zulu zu bewahren.

1992–1994: der Übergang

„Mit der Freiheit stellen sich Verantwortungen ein und ich wage nicht zu verweilen, denn mein langer Weg ist noch nicht zu Ende." *(Aus: Der lange Weg zur Freiheit)*

Der Widerstand der schwarzen Bevölkerungsmehrheit, der internationale Druck auf den Apartheidstaat und die Wirtschaftskrise, schließlich das Verhandlungsgeschick Mandelas: Das alles sorgt dafür, dass das rassistische Apartheidregime zu Beginn der 1990er-Jahre endgültig zusammenbricht. Mandela ist frei, der ANC und andere politische Organisationen werden wieder zugelassen. ANC-Unterstützer aus dem Exil dürfen heimkehren, politische Häftlinge werden freigelassen. Im März 1992 stimmen knapp 70 Prozent der weißen Bevölkerung für die Abschaffung der Rassentrennung. Damit ist der Weg für die ersten freien Wahlen in Südafrika bereitet – theoretisch. Denn in der Praxis gibt es noch viele Probleme – jene „Verantwortungen" nämlich, von denen er im Eingangssatz spricht: die Bekämpfung der Armut unter Südafrikas Schwarzen, die Aussöhnung zwischen den Volksgruppen, der steinige Weg Südafrikas aus der internationalen Isolation.

Mandelas Forderungen gefallen vor allem den weißen Managern in den Bürotürmen Johannesburgs nicht. Er fordert nämlich, dass die wichtigsten Unternehmen verstaatlicht werden. So will die zukünftige schwarze Regierung den Reichtum des Landes umverteilen, schwarze Chefs an die Stelle der weißen setzen.

Aber auch unter den Schwarzen zeigen sich Risse. Nicht jeder ist einverstanden mit Mandelas Versöhnungskurs. „Warum sollten wir die Weißen an der zukünftigen Regierung beteiligen", fragen die Radikalen.

Eine „Versammlung für ein demokratisches Südafrika" wird einberufen: 19 Parteien und Regierungsvertreter sollen eine neue Verfassung aushandeln und freie Wahlen vorbereiten. Doch immer wieder kommt es zu Sabotageakten und Attentaten*. Zahlreiche Gruppen haben ein Interesse daran, dass das Experiment der Aussöhnung zwischen Schwarz und Weiß misslingt: Einmal fahren rechtsradikale Störer ein Panzerfahrzeug in das Verhandlungszentrum.

Erst in den frühen Morgenstunden des 18. November 1993 einigen sich nach zweijährigem Verhandlungsmarathon alle Seiten auf die neue Übergangsverfassung. Damit ist der Weg für freie Wahlen, die im folgenden Jahr stattfinden, endlich geebnet.

Wahljahr 1994: Mandela for President!

„Was soll das heißen – ich soll im Bett bleiben? Sie glauben doch nicht, dass ich wegen einer Erkältung die Wahlfeier verpasse! Nein, nein, mein guter Doktor, dafür habe ich nicht 27 Jahre im Gefängnis verbracht, um jetzt mit einer Bettflasche zu Hause zu bleiben." Hatte Mandelas Leibarzt wirklich geglaubt, sein dickköpfiger Patient würde ausgerechnet an diesem Abend das Bett hüten?

Es ist der 3. Mai 1994. Soeben hat Mandelas ANC mit 62 Prozent die erste freie und faire Wahl im neuen Südafrika gewonnen. Niemand zweifelt mehr daran, dass er, Mandela, der erste schwarze Präsident Südafrikas sein wird. Bettruhe? Pah! Also erklimmt Mandela, geschwächt von der Grippe, aber

bester Laune, die Bühne im Ballsaal des Carlton Hotels in Johannesburg. *„Free at last!"*, ruft er seinen jubelnden Anhängern zu – „Endlich befreit!". Der Ausruf kommt besonders einem Gast sehr bekannt vor: der Witwe des schwarzen amerikanischen Freiheitskämpfers Martin Luther King, die eigens aus den USA angereist ist.

Eine Woche zuvor hatte Südafrika unglaubliche Fernsehbilder produziert: Vier Tage lang waren die Menschen aufgerufen gewesen, ihre Stimme abzugeben. Und alle kamen sie, Jung und Alt, Schwarz, Weiß und Farbig, gekleidet in den besten Sonntagsanzügen. Rollstuhlfahrer ließen sich kilometerweit bis zur nächsten Wahlurne schieben, Hochschwangere harrten stundenlang in der Hitze aus.

Zuschauer auf der ganzen Welt verfolgten gebannt die Luftbilder kilometerlanger Menschenschlangen, die sich wie Reptile durch den afrikanischen Busch wanden. Von 22 Millionen wahlberechtigten Bürgern hatten 16 Millionen nie zuvor gewählt – unter ihnen Nelson Mandela selbst:

„Als ich zur Wahlurne ging, rief ein Journalist: ‚Herr Mandela, für wen stimmen Sie?‘ – ‚Ja, wissen Sie, darüber habe ich mir den ganzen Morgen den Kopf zerbrochen‘, habe ich zurückgescherzt. Dann habe ich ein ‚X‘ in das Kästchen neben dem ANC-Symbol gemacht und den Stimmzettel in die einfache Holzurne gleiten lassen. Zum ersten Mal in meinem Leben hatte ich gewählt.“ *(Aus: Der lange Weg zur Freiheit)*

Die Wahlvorbereitung ist nicht nur wegen der Größe des Landes und der teilweise weit abgelegenen Dörfer eine Herausforderung. 9000 Wahlstationen müssen in teils unwegsamem Gelände errichtet und mit Stimmzetteln, vor allem aber Wahlbeobachtern ausgestattet werden. Mehr als zwei Millionen – überwiegend schwarze – Wähler müssen zuvor mit Übergangsdokumenten versorgt werden – sie haben schlicht keinen Personalausweis. Vor allem aber gilt es, den oft analphabetischen Neuwählern das Prinzip einer freien und geheimen Wahl zu erklären: In den Jahren zuvor hatten entweder weiße Beamte oder korrupte schwarze Chiefs* ihnen die Wahl eines Kandidaten oder einer Partei vorgeschrieben.

Und nun sollten sie völlig selbstständig eine der 19 angetretenen Parteien wählen dürfen – ohne Vergeltung der Verlierer fürchten zu müssen? Würde denn die „Unabhängige Wahlkommission Südafrikas" die abgegebenen Stimmen wirklich fair auszählen? Oder würde am Ende doch die weiße National Party gewinnen, die Wahl nur eine Show sein. Fragen über

Fragen, die Tausende freiwilliger Helfer in den Monaten vor dem Wahlgang in Dorfveranstaltungen zu beantworten suchten.

Und so pendelt am Wahltag die Stimmung zwischen freudiger Erregung und Furcht. Als an einem Wahllokal eine Gruppe bewaffneter weißer Polizisten auftaucht, wird die Menge unruhig. Wird es wieder zu einem Blutbad kommen? Aber weit gefehlt. Die Polizisten reihen sich in die Schlange ein – sie sind von der nahen Polizeistation gekommen, um ihre Stimme abzugeben. Es passt zu diesem friedfertigen Tag, dass sie sich hinten einreihen und keine weißen Sonderrechte einfordern.

Am Ende gewinnt der ANC mit 62,65 Prozent und damit fast zwei Dritteln aller Stimmen. Damit verpasst er knapp die Mehrheit, die ihn berechtigt hätte, die neue Verfassung des Landes im Alleingang zu gestalten. Dies enttäuscht so manchen ANC-Politiker. Doch Nelson Mandela beweist einmal mehr Weitsicht: Er sieht die Chance, dass sich alle wichtigen politischen Parteien des Landes gemeinsam an einen Tisch setzen und die Zukunft ihres Landes werden verhandeln müssen.

Als die Stimmen ausgezählt sind, ist nicht nur Mandela erschöpft und muss sich von seinem Doktor behandeln lassen. „Jetzt kann ich mit Freude in meinem Herzen sterben und aufrecht wie ein Mann gehen", sagt der 80-jährige Samuel Bhene, der stundenlang in der Sonne ausgeharrt hat, um seine Stimme für ein neues Südafrika ohne Rassenschranken abzugeben.

Um Südafrika und der Welt plastisch vor Augen zu führen, dass am Zipfel von Afrika eine neue Ära begonnen hat, wird eine Minute vor Mitternacht am 27. April 1994 die alte südafrikanische Flagge ein letztes Mal eingeholt. Dazu ertönt noch einmal die bei Schwarzen verhasste Apartheidhymne „Die Stem van Suid-Afrika" („Der Ruf Südafrikas"). Und genau eine Minute nach Mitternacht wird unter großem Jubel die neue, farbenfrohe Flagge der Regenbogennation gehisst, begleitet von der neuen Hymne „Nkosi Sikele' iAfrika" – „Gott beschütze Afrika". 342 Jahre schwarzer Unterdrückung durch verschiedene weiße Minderheitsregierungen in Südafrika kommen zu einem letztlich friedlichen Ende.

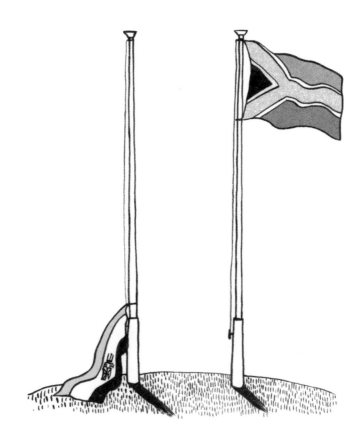

Südafrika kurz vor dem Bürgerkrieg

Sprichwörtlich bis zum Abend vor der Stimmabgabe steht die historische Wahl auf der Kippe. Immer wieder haben seit der Freilassung Mandelas 1990 weiße Radikale und schwarze Gegner des ANC versucht, den Friedensprozess am Kap zu untergraben. Letztere finden sich vor allem in den Reihen der Inkatha-Partei, deren Mitglieder meist Zulus sind. Die zukünftige Regierungspartei ANC wird dagegen vom Volksstamm der Xhosa dominiert, dem auch Nelson Mandela angehört. Kurz vor der Wahl eskaliert der Machtkampf zwischen den beiden großen schwarzen Volksgruppen, bewusst geschürt von der weißen Polizei und Armee, die die Inkatha mit Geld und Waffen unterstützen.

Am 10. April 1993 sieht es so aus, als sollten die Gegner einer freien Wahl Erfolg haben: Chris Hani, Anführer der Kommunistischen Partei Südafrikas und Befehlshaber von Mandelas Untergrundarmee „Speer der Nation", wird von einem Rechtsextremen ermordet.
In den Townships bricht Chaos und Gewalt aus, Südafrika steht am Rande eines Bürgerkrieges. Nun geht es um Stunden. In einer Ansprache im Staatsfernsehen fordert der künftige Präsident Nelson Mandela seine Landsleute zur Besonnenheit auf: „Wir sagen allen Südafrikanern, Schwar-

zen und Weißen, dass das Morden ein Ende haben muss", so Mandela. „Unser Schmerz und unsere Wut sollten nicht denen in die Hände spielen, die uns die Freiheit verweigern, für die Chris Hani sein Leben gegeben hat." *(Aus: Vor 20 Jahren: Die Haftentlassung Nelson Mandelas)*

Derweil mobilisieren weiße Rechtsextreme ihre Kräfte, um eine zukünftige schwarze Regierung zu verhindern: Am 24. April 1994, drei Tage vor der Wahl, explodiert um zehn Uhr vor dem Hauptquartier des ANC in Johannesburg eine 90 Kilogramm schwere Autobombe. Neun Menschen sterben, darunter die ANC-Generalsekretärin, 100 werden verletzt. Am Wahltag selbst zeigt der weiße Rassismus am Kap dann ein letztes Mal seine Fratze, eine Autobombe am Flughafen von Johannesburg verletzt 16 Menschen. Während die Polizei 31 Mitglieder der rechtsradikalen AWB-Bewegung festnimmt, winden sich im Rest des Landes bereits lange Wählerschlangen durch den afrikanischen Busch.

„Teestunde für die Versöhnung":
Die Präsidentenjahre

(Jakes Gerwal) „Mr President, halten Sie es WIRKLICH für eine gute Idee, Betsie Verwoerd zu besuchen? Ich meine, was sollen unsere schwarzen Wähler denken...?"
(Mandela) „Jakes, nun lassen Sie mal. Fragen Sie lieber nach, um wie viel Uhr sie Zeit für mich hat."

So oder ähnlich wird die Unterhaltung zwischen Präsident Mandela und seinem Büroleiter Jakes Gerwal gelaufen sein. Weil Mandela den Dickkopf seines Vaters geerbt hat, setzt er sich natürlich durch: Im August 1995, ein gutes Jahr nach seiner Vereidigung als erster schwarzer Präsident, macht er sich auf, um im Dörfchen Orania in der Halbwüste Karoo mit einer 94-jährigen weißen Frau eine Tasse Tee zu trinken.
Seine Gastgeberin ist niemand anderes als die Witwe jenes Mannes, der ihn, Mandela, 30 Jahre zuvor hinter Gitter gebracht hat: Hendrik Verwoerd. „Ausgerechnet Orania", seufzt Assistent Jakes Gerwal. Das Dorf 900 Kilometer von Kapstadt ist nämlich ein „Weißenreservat" – Schwarze sind den burischen Einwohnern unwillkommen. „Versöhnung, Jakes, muss in jedem von uns selbst beginnen", sagt Mandela gut gelaunt. „Was gewesen ist, gehört der Vergangenheit an. Jetzt gibt es nur noch ein gemeinsames Südafrika für alle."

Betsie Verwoerd empfängt den Staatschef im Gemeindesaal von Orania. Ihr Besucher ist in Grün, Gold und Schwarz gekleidet, also in den Farben der ANC-Flagge. Die rüstige Betsie reicht neben Tee *koeksusters*, ein typisch burisches Gebäck. Dann wird geplaudert. Zum Beispiel über Verwoerds Enkel Willem und dessen Frau Melanie, die als Nachkommen der führenden Apartheidfamilie des Landes Mitglieder in Mandelas ANC sind. Melanie vertritt die Partei sogar im Parlament. Nach einem Stündchen entschuldigt sich der Präsident wieder. „Ist doch ein ganz netter Mann", sagt Betsie hinterher zu den neugierigen Journalisten.

Die berichten in den Abendnachrichten ausführlich über die außergewöhnliche Teestunde. Nicht jedem schmeckt allerdings die symbolische Versöhnungsgeste des Präsidenten. „Nichts gegen Versöhnung", schreibt ein Leser namens Peter Mophole seiner Tageszeitung. „Aber erst wenn wir auch haben, was die Weißen schon lange haben." *(Aus: Räther, Sonderbares Treffen am Kap)*

Mandela weiß, dass er vorsichtig sein muss. Er muss den weißen Südafrikanern das Gefühl geben, dass sie im neuen Südafrika nach wie vor willkommen sind. Gleichzeitig warten Millionen Schwarze in den Townships auf Jobs und vor allem bessere Lebensbedingungen. Nach Jahren der Unterdrückung wäre es nur zu verständlich, wenn sie Rachegefühle gegenüber den Weißen hätten.

Deshalb lässt Mandela Häuser bauen, bringt Wasser und Elektrizität in die Elendsviertel. Einen Teil seines Gehalts spendet er für bedürftige Kinder. Die Prahlerei seiner afrikanischen Präsidentenkollegen ist ihm dabei fern. Statt Anzug und Krawatte trägt Mandela weit geschnittene, bunt bedruckte Hemden, die sogenannten „Madiba-Shirts".

Die Versöhnung von Schwarzen und Weißen bleibt sein Hauptanliegen. Er bringt Frauen und Witwen früherer Apartheidpolitiker mit den Frauen und Witwen schwarzer Aktivisten zusammen. Er lädt den ehemaligen Staatsanwalt Percy Yutar zum Essen ein – jenen Mann, der einst seinen Tod gefordert hatte. Und er wird Rugby-Fan.

Bei so viel Versöhnungsarbeit bleibt kaum noch Zeit, das Land zu regieren. Mandela überlässt deshalb das Tagesgeschäft immer mehr seinem zukünftigen Nachfolger Thabo Mbeki. Sein Terminkalender ist dennoch prall gefüllt: „Oprah Winfrey anrufen" oder „Elastische Socken kaufen" sind nur einige der Einträge.

Versöhnung oder falsche Reue?: die Wahrheitskommission

Dass sein Plauderstündchen mit Betsie Verwoerd zwar ein großer symbolischer Akt, aber nicht genug war, um Südafrikas Volksgruppen auszusöhnen, das war Nelson Mandela natürlich bewusst. Deshalb rief er im Jahre 1996 die „Wahrheits- und Versöhnungskommission" (englisch: „TRC") ins Leben. Ihr Auftrag: die Verbrechen während der Apartheid aufzuarbeiten. Alles sollte ans Licht gebracht werden, damit Verzeihen und damit Versöhnung möglich wurden. Vorsitzender der TRC wurde der allseits geachtete Kapstädter Erzbischof und Friedensnobelpreisträger Desmond Tutu.

Am Ende tagte die Kommission vier Jahre lang. In den Sälen, Kirchen und Gemeindezentren, die als Tagungsorte dienten, kam es zu erschütternden Szenen: Polizisten, Soldaten und Geheimdienstler des ehemaligen Apartheidregimes schilderten im Beisein der Angehörigen, wie sie schwarze „Terroristen" erschossen, die Leichname verbrannten und dabei Dosenbier tranken. Immer wieder brach der Vorsitzende Tutu in Tränen aus, wenn die Geständnisse von Folter und Hinrichtungen nicht mehr auszuhalten waren. Doch ganz gleich, wie schlimm und verachtenswert die Taten waren: Die Täter konnten anschließend als freie Männer (von wenigen Ausnahmen abgesehen gab es kaum Frauen) nach Hause gehen. Letztlich ist der Erfolg der Kommission umstritten: Wohl kaum einer der Täter hätte sich freiwillig bekannt, wäre ihm nicht Straffreiheit zugesichert worden. Waren die abgelegten Reueschwüre also nur „Show", um einer Strafverfolgung zu entgehen? Am  Ende also erfüllte die „Wahrheits- und Versöhnungskommission" allenfalls den ersten Teil ihres Auftrages: die Wahrheit über die Apartheidverbrechen ans Tageslicht zu befördern. Dies freilich tat sie in einem Maße, dass sich einem als Zuschauer oft genug der Magen umdrehte. Ob die mit großem Aufwand und noch größerem Anspruch unternommene Untersuchungskommission Schwarze und Weiße aber auch versöhnt hat, darüber streiten Südafrikaner bis heute. Denn noch immer gibt es zahlreiche Beispiele, wo das Miteinander nicht klappt. Im Februar 2008 schlug zum Beispiel ein Video hohe Wellen: Darin waren schwarze Angestellte einer Universität zu sehen, die ein Mittagessen zu sich nehmen, in das zuvor weiße Studenten uriniert hatten. Sofort war es wieder da, das Gespenst Apartheid. Doch anders als zu früheren Zeiten beteiligten sich nun auch viele weiße Studenten an den Protesten, forderten den Rauswurf der weißen Kommilitonen – eine Geste, die Hoffnung macht.

Desmond Tutu, 1931 geboren, war zunächst Lehrer, bevor er politisch aktiv wurde. Als Generalsekretär des südafrikanischen Kirchenrates lenkte er immer wieder die internationale Aufmerksamkeit auf die innenpolitische Lage des Apartheidstaates.

„Aids statt Antiapartheid": Der Präsident Mandela geht, das Idol Madiba bleibt

„Don't call me, I'll call you." „Ruft mich bloß nicht an – ich melde mich schon bei euch." Lachen in der Runde. Das ist wieder typisch Mandela. Da sitzt er in seinem bunten Madiba-Hemd auf dem Podium und verkündet seinen Rückzug aus der Politik. Hier, in Afrika, wo die Präsidenten gerne 20 oder 30 Jahre an der Macht bleiben, da flüchtet dieser Südafrikaner geradezu ins Privatleben. „Ruft mich bloß nicht an."
Schon 1999 war Mandela als Präsident zurückgetreten und hatte das Präsidentenamt Thabo Mbeki überlassen. Danach

Überall, wo er hinkam, war Mandela ein Präsident der Herzen.

repräsentierte er das Land als Nationalidol und Maskottchen, schlichtete Bürgerkriege im Rest Afrikas und engagierte sich für die Bekämpfung der Immunschwächekrankheit Aids.

Nun, im reifen Alter von 85 Jahren, ist endgültig Schluss. Er wolle mehr Zeit mit seiner Familie und alten Freunden verbringen. „Seine Familie" – das ist vor allem die neue Frau an seiner Seite: Graça Machel, Witwe des mosambikanischen Freiheitshelden und langjährigen Präsidenten Samora Machel. Sie ist 27 Jahre jünger als er und studierte Juristin.

Ein Thema vor allem verfolgt Mandela bis in den Ruhestand: die Aids-Epidemie in seinem Land. Ganze Dörfer hat die Krankheit entvölkert, Hunderttausende Aids-Waisen zurückgelassen. Der Privatmann Mandela gründet die Nelson-Mandela-Stiftung, die heute 4 000 Anfragen im Monat bekommt. Vor allem aber beweist er einmal mehr menschliche Größe: Nach dem Tod von Makgatho wendet sich Mandela an die südafrikanische Öffentlichkeit: „Mein Sohn ist an Aids gestorben." Ein wahrhaft mutiges Bekenntnis in einem Land, wo die Krankheit totgeschwiegen wird und der Priester bei der Beerdigung eines Aids-Opfers gerne einer „Lungenentzündung" die Schuld gibt. Nun spricht der Vater der Nation öffentlich über den Aids-Tod seines geliebten Sohnes und fordert seine Landsleute auf, Aids „wie eine normale Krankheit" zu behandeln und nicht länger zu tabuisieren.

Diese Geste verstärkt den Mandela-Kult weiter. Eine Flut von Büchern, Filmen, Figuren und Fanartikeln wird feilgeboten.

Mandela und seine Familie

„Ich habe oft darüber nachgedacht, ob es gerechtfertigt sei, das Wohlergehen der eigenen Familie zu vernachlässigen, um für das Wohlergehen anderer zu kämpfen. ... Ist die Politik vielleicht nur ein Vorwand, um sich vor seiner Verantwortung zu drücken?" *(Aus: Bekenntnisse)*

Immer wieder hadert Nelson Mandela in seinen Aufzeichnungen mit der wenigen Zeit, die ihm sein Leben als Freiheitskämpfer für seine Familie lässt. Das Leben im Untergrund und später im Gefängnis fordert große Opfer:

Nach 13 Jahren geht 1957 die Ehe mit Evelyn Mase im Streit auseinander. Mit ihr hatte Mandela vier Kinder. Die erste Tochter, Makaziwe, starb im Alter von nur neun Monaten. Ihr folgten eine weitere Tochter mit demselben Namen und die beiden Söhne Thembi und Makgatho. Was Mandela als Anwalt gelang – er bearbeitete auch Scheidungsanträge und rettete manche Ehe –, war ihm privat nicht vergönnt.

1958 ging Mandela mit der attraktiven Winnie Madikizela eine neue Verbindung ein. Zwei Kinder wurden geboren: Zenani und Zindzi. Aber auch diese Verbindung scheitert und wird 1996 geschieden. Als Mandela 1990 Hand in Hand mit Winnie das Gefängnis verlässt, ist die

Liebe zwischen beiden längst erkaltet. „Zu den Dingen, die ich am meisten bedauere, gehört die Tatsache, dass ich nicht in der Lage war, sie zu schützen", sagt Mandela einmal. *(Aus: Bekenntnisse)*

Erst mit der Heirat von Graça Machel erfährt er ein spätes Eheglück. „Sie hat mich wie eine Blume zum Blühen gebracht", sagt Mandela über die Mosambikanerin, die er an seinem 80. Geburtstag heiratet.

Doch insgesamt prägen viele Schicksalsschläge seinen Weg: 1968 stirbt seine geliebte Mutter. Mandelas Bitte, für die Beerdigung Freigang aus dem Gefängnis zu bekommen, wird abgelehnt. Ein Jahr später kommt sein Sohn Thembi mit 24 Jahren bei einem Autounfall ums Leben kam – auch dieser Beerdigung darf Mandela nicht beiwohnen. 2005 stirbt sein zweiter Sohn Makgatho im Alter von 54 Jahren an Aids. Und im Juni 2010, am Vorabend der Eröffnung der Fußballweltmeisterschaft in Südafrika, verunglückt Mandelas geliebte Urenkelin Zenani tödlich. „Für dich regnet es nie, es schüttet", sagte ein Wegbegleiter einmal im Hinblick auf die vielen privaten Schicksalsschläge *(Aus: Bekenntnisse)*

Doch trotz allem, seinen Humor und seinen unerschütterlichen Glauben an die Menschlichkeit verlor Mandela nie. Und vermutlich half ihm genau das auch über all die Schicksalsschläge hinweg.

Die Berühmtheit bringt freilich auch Unannehmlichkeiten. Schon 2005 muss Mandela seinen Namen patentrechtlich schützen lassen, um Missbrauch durch skrupellose Geschäftemacher zu verhindern.

Und noch einmal mischt sich Mandela in die Politik seines Landes ein: Als sein Nachfolger Mbeki den Zusammenhang zwischen dem HI-Virus und Aids bezweifelt und zur Heilung der Krankheit Knoblauchpillen verschreiben will, weist Mandela ihn öffentlich zurecht: „Wir können es uns nicht leisten, zu debattieren und uns zu streiten, während die Menschen sterben." *(Aus: Pressekonferenz am 03. März 2002)*

Geld für Aids-Projekte sammelt der Ruheständler bei seinen gefürchteten *„breakfast calls"*: Er ruft zur Frühstückszeit Geschäftsleute und andere Wohlhabende an und bittet sie nach einleitendem Geplänkel um Spenden. Und wer könnte schon einem Friedensnobelpreisträger etwas abschlagen? 1993 wurde Mandela mit dieser renommierten Anerkennung ausgezeichnet. An seiner Seite bei der Preisverleihung: Südafrikas damaliger Regierungschef Willem de Klerk, der den Wandel am Kap möglich machte. Beide ehrt das norwegische Nobelpreiskomitees für ihren „Versöhnungswillen, großen Mut und ihre persönliche Integrität".

Südafrikas Regenbogen nach Mandela

Ja, es gibt es nach wie vor das hässliche Südafrika: Wer vom schicken Flughafen in Kapstadt auf der Autobahn N2 Richtung Innenstadt fährt, der passiert Reihen um Reihen grob zusammengenagelter Shacks, Wellblechbuden und Bretterverschlägen. Halb nackte Kinder spielen in Abwasserflüssen und streunende Köter wühlen in Müllbergen nach Essbarem.

Auch 20 Jahre nach dem politischen Wandel am Kap, den Nelson Mandela zunächst friedlich, später im Untergrund erstritten hat, lebt ein Großteil der Schwarzen in Armut und Arbeitslosigkeit. Jeder dritte Südafrikaner (über-)lebt von weniger als eineinhalb Euro am Tag. Die Megareichen verschanzen sich hinter Stacheldraht, gleich nebenan sterben Kinder noch immer an harmlosen Durchfaller-

Noch immer wachsen in den Townships viele Kinder in Armut auf.

krankungen. Es bedarf einer starken politischen Führung, um diese krassen Unterschiede zu ändern. Und genau da liegt das Problem des modernen Südafrikas. „Die Politiker essen unser Geld", sagen Südafrikaner über ihre korrupten Amtsträger. Die schlimmsten unter ihnen gehören ausgerechnet dem ANC an, der doch 1994 „ein besseres Leben für alle" versprochen hatte. Nun, es ist ein besseres Leben für einige wenige geworden.

Viele ehemalige ANC-Getreue haben sich deshalb von der Befreiungspartei abgewendet. Hilda Ndude ist eine von ihnen. In den 1980er-Jahren demonstrierte sie für die Freilassung Mandelas, stand am 11.02.1990 vor dem Gefängnis. Heute hat sie den ANC verlassen und sich einer Konkurrenz-Partei angeschlossen. „Wir haben sie damals unterstützt, weil wir glaubten, sie würden für die Armen kämpfen", klagt sie. „So lange nach dem Ende der Apartheid darf es einfach nicht mehr so viele Wellblechhütten geben. Das zeigt mir, dass etwas schiefgegangen ist."

Schiefgegangen ist auch die Integration ehemaliger Freiheitskämpfer: Die sogenannte „verlorene Generation", die ihre Jugend im Untergrund in Sambia oder Tansania verbracht hat, ist vielleicht der größte Verlierer des Wandels am Kap. Denn zurück in der Heimat finden sich die

An den Stränden tummeln sich heute alle gleichermaßen.

Exkämpfer zwischen allen Stühlen. Den ehemaligen Genossen, die sich als Minister der neuen ANC-Regierung in schicken Büros einrichten, sind die MK-Kameraden peinlich. Und von ihren neuen schwarzen Nachbarn werden sie als Verräter gemieden, die im Ausland ein gutes Leben führten, während daheim die Townships brannten.

Doch es gibt auch positive Anzeichen: Am Stadtstrand von Durban, dort, wo einst die „Nur-für-Weiße"-Schilder schwarzen Badenden den Zugang verwehrten, bietet sich heute ein farbenfrohes Panorama: Jugendliche aller Farbschattierungen spielen gemeinsam Beachball oder surfen im warmen Indischen Ozean. Am Sonntag picknicken schwarze, indische und weiße Familien Seite an Seite, wer den Grillanzünder vergessen hat, bedient sich fröhlich beim Nachbarn. Nicht anders sieht es in Melville aus, auf der Partymeile Johannesburgs. Dort mischen sich am Samstagabend in den angesagten Restaurants und Diskotheken die Hautfarben des südafrikanischen Regenbogens.

Glaubt man Nelson Mandela, dann ist ihm seine Rolle bei der Befreiung Südafrikas von der Apartheid, die ihm einen weltweiten Kultstatus eingetragen hat, fast peinlich. „Ein Thema, das mir im Gefängnis große Sorge bereitet, war das falsche Bild, das ich unabsichtlich der Außenwelt vermittelte; dass man mich als Heiligen betrachtete. Das war ich nie." *(Aus: Bekenntnisse)*

Und dennoch hat er die Welt verändert – zumindest jenen Teil am südlichen Ende von Afrika. Und das nicht mit Waffen, sondern allein dank der Kraft der Menschlichkeit. Typisch Madiba eben.

Dickkopf, Kämpfer ... und immer ein Menschenfreund: Mandela hier im typischen Madiba-Shirt

Zeitleiste – Mandelas Leben

1918, 18. Juli: Nelson Mandela wird im Dorf Mvezo geboren. Sein Vater gibt ihm den Namen „Rolihlahla", wörtlich: „Am Ast eines Baumes ziehen". Umgangssprachlich so viel wie „Unruhestifter".

ca. 1923: Mit fünf Jahren wird Mandela Hirtenjunge.

1925: Mandela besucht die Grundschule und wird von der Lehrerin „Nelson" getauft.

1927: Tod des Vaters Gadla Henry Mandela

1934: Mandela wird gemäß der Tradition beschnitten und gilt damit als Erwachsener.

1935: Mandela besucht ein Missions-Internat und kommt erstmals mit der westlichen Kultur in Kontakt.

1939: Mandela schreibt sich an der Elite-Universität Fort Hare ein, der einzigen Uni für Schwarze im Land.

1940: Wegen politischer Tätigkeit im Studentenrat wird Mandela von der Universität gewiesen.

1941: Mandela flieht vor der Zwangsverheiratung nach Johannesburg, schlägt sich als Nachtwächter durch und beginnt später ein Jurastudium.

1942:	Mandela tritt dem Afrikanischen Nationalkongress (ANC) bei.
1944:	Mandela gründet eine Jugendorganisation des ANC.
1948:	Wahlsieg der Nationalen Partei und Beginn der Apartheidpolitik der Rassentrennung
1956:	Anklage wegen Hochverrats, erst 1961 Freispruch
1960:	Massaker von Sharpeville: Mandela sagt sich vom Verzicht auf Gewalt los.
1964, 12. Juni:	Mandela wird wegen „Planung des bewaffneten Kampfes" zu einer lebenslangen Freiheitsstrafe verurteilt.
1990, 11. Februar:	Mandela wird nach 27 Jahren Gefangenschaft aus der Haft entlassen.
1994, 27. April:	Der ANC gewinnt die ersten demokratischen Wahlen am Kap.
1994, 9. Mai:	Mandela wird vom neuen Parlament zum ersten schwarzen Präsidenten des Landes gewählt.
1998, 18. Juli:	An seinem 80. Geburtstag heiratet Mandela Graça Machel, die Witwe des ehemaligen mosambikanischen Präsidenten Samora Machel.
1999, Juni:	Mandela tritt als Präsident zurück und zieht sich aus der Politik zurück.

2005, **6. Januar:**	Mandelas zweiter Sohn Makgatho stirbt im Alter von 54 Jahren an AIDS.
2010, **11. Juni:**	Mandela muss den geplanten Kurzbesuch des Eröffnungsspieles der Fußball-WM in Südafrika kurzfristig absagen, nachdem seine Urenkelin Zenani am Vorabend nach dem Eröffnungskonzert tödlich verunglückte. Mandela hatte sich zuvor sehr für eine Vergabe des Turniers nach Afrika eingesetzt.
2013, **5. Dezember:**	Nelson Mandela stirbt nach langer Krankheit im Alter von 95 Jahren. Das Land Südafrika ruft eine zehntägige Staatstrauer aus. An der offiziellen Trauerfeier im FNB-Stadion in Johannesburg am 10.12.2013 nehmen rund 80.000 Menschen teil, darunter 100 Staats- und Regierungschefs. Der amtierende Präsident der Vereinigten Staaten, Barack Obama, sagt über den Tod seines „persönlichen Vorbildes" Nelson Mandela: „Wir haben einen der einflussreichsten, mutigsten und zutiefst guten Menschen verloren, die jemals einer von uns auf Erden treffen wird". Auch im Tod wirkte Madiba noch als Friedensstifter: Bei der Trauerfeier gaben sich mit Obama und dem kubanischen Präsidenten Raul Castro erstmalig die Staatschefs zweier ein halbes Jahrhundert verfeindeter Staaten die Hände.

Glossar

Aids	*Oft tödlich verlaufende Erkrankung mit dem HI-Virus. Besonders in Afrika weitverbreitet*
Apartheid	*von „apart" = „getrennt", „einzeln": System der Rassentrennung in Südafrika bis 1994*
ANC	*Abkürzung für „Afrikanischer Nationalkongress". Freiheitsbewegung, die von Nelson Mandela angeführt wurde, heute Regierungspartei Südafrikas*
Attentat	*gewalttätiger Angriff auf einen oder mehrere Menschen mit dem Ziel, diese(n) zu töten*
Chief	*früher „Stammeshäuptling", heute politisch korrekt: traditioneller Führer einer Volksgruppe*
Clan	*Verwandtschaftsgruppe in Afrika. Die Zugehörigkeit zu einem C. ist für viele Afrikaner sehr wichtig. Für einen Somali ist der Clan wichtiger als die Zugehörigkeit zu dem (für ihn kaum greifbaren) Staat Somalia.*
Coloured	*Südafrikaner mit gemischt weißer und schwarzer Herkunft*

Commonwealth	*Vereinigung Großbritanniens und seiner ehemaligen Kolonien, viele davon in Afrika*
Ghandi, Mahatma	*Führer der indischen Unabhängigkeits-bewegung gegen die Kolonialherrschaft Englands. Engagierte sich 20 Jahre lang in Südafrika für die Rechte der dort lebenden Inder. Anders als Mandelas ANC predigte Ghandi ausschließlich gewaltlosen Widerstand. Wurde 1948 erschossen (vgl. Attentat).*
Kalter Krieg	*Konflikt zwischen dem Ostblock unter Führung der Sowjetunion und den sog. Westmächten, vor allem den USA, zwischen 1945 und 1990*
Kommunismus	*Gegenentwurf zum Kapitalismus, wie er in Westeuropa und den USA herrscht. Modell einer klassenlosen Gesellschaft. Prominentester Verfechter des K. war Karl Marx.*
Kral	*Traditionelle afrikanische Siedlung. Oberhaupt eines solchen Hüttenverban-des war der Häuptling oder Chief (s. o.). Heute eher gebräuchlich für Viehgehe-ge, oft mit Dornenbüschen umgeben.*
Madiba	*Clan-Name Mandelas, liebevoll von Südafrikanern als Spitzname gebraucht*

Missionare	*gläubige Christen, die Andersgläubige in anderen Erdteilen (z. B. in Afrika) für ihren Glauben gewinnen möchten (= missionieren)*
Rassismus	*Verurteilung anderer Menschen aufgrund deren Herkunft, Aussehen oder Zugehörigkeit zu einer Volksgruppe. Die Apartheid in Südafrika gründete auf Rassismus weißer gegenüber schwarzen Menschen.*
Shebeen	*(meist) illegale Hinterhofkneipe*
Township	*Während der Apartheid eingerichtete Wohnsiedlungen nur für Schwarze*
Vereinte Nationen	*Kurz: UNO. Zusammenschluss von 192 Staaten zur Sicherung des Weltfriedens und zum Schutz der Menschenrechte*
Xhosa	*Südafrikanisches Volk, das im 11. Jahrhundert zuwanderte. Die Regierungspartei Südafrikas, der ANC, ist traditionell Xhosa-dominiert.*
Zwangsverheiratung	*Verkupplung von Mann und Frau durch die Familie oder den Clan ohne deren Einverständnis. Auch heute noch in Teilen Afrikas praktiziert. Dabei werden meist sehr junge Mädchen mit sozial anerkannten (= reichen) älteren Männern verheiratet.*

Inhalt – Erzählung

Spielen & Ziegenhüten: eine glückliche Kindheit	6
Studium, Freundschaften und frühe Politisierung	14
Flucht in die Großstadt: die Johannesburg-Jahre	22
Rechtsanwalt? Freiheitskämpfer!: Mandelas Radikalisierung	34
Heimliche Mission: Mandela auf Werbetour in Afrika und London	42
Verhaftung und Rivoniaprozess: Lebenslänglich!	50
Häftling 46664: Die Gefängnisjahre auf Robben Island	56
Geheimverhandlungen mit dem Erzfeind	64
11.02.1990, 16.14 Uhr: die Freilassung	70
Wahljahr 1994: Mandela for President!	78
„Teestunde für die Versöhnung": Die Präsidentenjahre	86
„Aids statt Antiapartheid": Der Präsident Mandela geht, das Idol Madiba bleibt	92

Inhalt – Sachkapitel

Als Junge privilegiert: Aufwachsen in Südafrika | 12

Höfische Tradition: die Xhosa in Südafrika | 18

Das Leben im Township | 30

1948: Beginn der politischen Apartheid | 38

Guerillas im Exil: Südafrika und seine Nachbarn | 46

„Nur für Weiße": die alltägliche Apartheid | 54

„Free Mandela": Apartheid-Südafrika wird isoliert | 61

Das Krokodil beißt nicht mehr | 68

1992–1994: der Übergang | 76

Südafrika kurz vor dem Bürgerkrieg | 84

Versöhnung oder falsche Reue?:
die Wahrheitskommission | 90

Südafrikas Regenbogen nach Mandela | 98

Quellennachweise (Auswahl)

Nelson Mandela, „Long walk to freedom".
Little Brown &Co., 1995
Nelson Mandela, „Der lange Weg zur Freiheit".
S. Fischer Verlag, Frankfurt/M. 1994
Anthony Sampson, „Mandela The Authorised Biography".
Harper Collins, 1999
Nelson Mandela, „Bekenntnisse". Piper, 2010
Neville Alexander, „Südafrika – Der Weg von der Apartheid zur Demokratie". C. H. Beck, 2001
Leonie March „Vor 20 Jahren: Die Haftentlassung Nelson Mandelas". DLF, Sendung vom 11.02.2010
Frank Räther, „Sonderbares Treffen am Kap".
Berliner Zeitung, 17.08.1995

Bildnachweis

S.8 picture-alliance/dpa; S.11 picture-alliance/WILDLIFE; S.13 picture-alliance/Arco Images GmbH; S.17 Picture-alliance /United Archives/TopFoto; S.23 picture-alliance/ PHOTOSHOT, S.24 picture-alliance/Mary Evans; S.27 picture-alliance/ Anka Agency International; S.36 picture-alliance/United Archives/TopFoto; S.39 picture-alliance/dpa; S. 48 picture-alliance/africamediaonline; S.53 picture-alliance/United Archives/TopFoto; S. 57 picture-alliance/dpa; S.62 picture-alliance/Klaus Rose; S. 65 picture-alliance/Sven Simon; S. 71 picture-alliance/Graeme Williams; S. 74 picture-alliance/Graeme Williams; S. 91 picture-alliance/dpa; S.92 picture-alliance/Tim Brakemeier; S. 98 picture-alliance/Augenklick/KUNZ; S.99 picture-alliance/ africamediaonline; S.101 picture-alliance/pictureNET Afrika

Impressum

2. Auflage 2014
© Arena Verlag GmbH, Würzburg 2012
Alle Rechte vorbehalten
Coverillustration: Joachim Knappe
Innenillustrationen: Katja Wehner
Bild- und Textredaktion: Annett Stütze
Gesamtherstellung: Westermann Druck Zwickau GmbH
ISBN 978-3-401-06664-6

www.arena-verlag.de
Mitreden unter forum.arena-verlag.de

ARENA BIBLIOTHEK DES WISSENS
AKTUELL

Afrika
Ein Kontinent im Wandel

Afrika gilt als die Wiege der Menschheit, der Kontinent ist fast dreimal so groß wie Europa und jeder siebte Mensch ist Afrikaner. Trotzdem bleibt der „schwarze" Kontinent heute weitestgehend im Dunkeln. Afrikaexperte Ludger Schadomsky stellt den pulsierenden Kontinent in allen Schattierungen vor. Die Folgen der Kolonisation, Afrikas Rolle in der Weltwirtschaft und die Krankheit Aids werden ebenso beleuchtet wie die Erfolgsgeschichten mutiger Frauen und Männer, die sich für Afrika engagieren.

Arena

144 Seiten
Klappenbroschur
ISBN 978-3-401-06527-4
www.arena-verlag.de